Rose Marie Donhauser

Wokgerichte
für jeden Tag

Inhalt

Abkürzungen

EL	= Esslöffel	kg	= Kilogramm
TL	= Teelöffel	g	= Gramm
Msp.	= Messerspitze	cm	= Zentimeter
l	= Liter	mm	= Millimeter
ml	= Milliliter	°C	= Grad Celsius

Wok – der asiatische Botschafter

Selten hat sich ein kulinarisches Instrumentarium international so etablieren können, wie der Wok. Im Gegensatz zu vielen kurzlebigen Trends kann er auf eine über 3000 Jahre alte Tradition zurückblicken, in deren Verlauf lediglich die Fertigungsmaterialien ausgetauscht wurden, um die Funktionalität des Woks zu optimieren. Seine Vorzüge hingegen sind bestehen geblieben und durch viele praktische Hilfsmittel und ein breites Angebot an fantasievollen Gerichten ergänzt worden.

Die traditionelle Straßenküche ist in China auch heute noch weit verbreitet.

Der Blick zurück zeigt, dass die Gefäße ursprünglich aus Ton gefertigt wurden und ihre Form rein zweckgebunden war.
Sogenannte »Bankfeuerstellen«, die dies bildhaft veranschaulichen, sind auch heute noch teilweise in chinesischen Küchen zu finden. In der Regel bestehen sie aus einem langem breiten Brett, in das mehrere große Löcher eingelassen sind. In diese werden die Töpfe gehängt und von unten über ein Gas- oder Holzfeuer beheizt.
Diese Vorrichtung bedingte die Form des Woks, die von jeher einer ausgehöhlten Kugel gleicht. Die Hitze kann so vollständig bis zum Topfrand ausgenutzt werden und gewährleistet eine kurze Garzeit der Gerichte.

Lecker, schlank und unkompliziert

Mit der Einführung des Woks in europäische Küchen, erfreut sich die asiatische Kochkunst auch in unseren Regionen zunehmend größerer Beliebtheit. Jedoch war es anfangs schwierig, unsere Essgewohnheiten mit den Möglichkeiten des Woks in Einklang zu bringen. Fantasie war gefragt, denn asiatische Küche steht nicht für das Zusammenmischen diverser Konserven aus dem Asialaden; vielmehr ermöglicht das Kochen mit dem Wok vielfältige Kombinationen unserer saisonalen Küche mit asiatischen Elementen.
So entstanden im Laufe der Zeit schmackhafte und kreative Gerichte im Bereich der eurasischen Küche. Weißkohl und Wasserkastanien wandern gemeinsam in den Wok und werden mit Chilisauce gewürzt und Sojacreme abge-

schmeckt. Wan-Tan-Blätter werden mit frischen Garnelen gefüllt und Ravioli tummeln sich in asiatischer Gemüsebrühe. Zum Dessert gibt es einen leckeren Reis-Früchte-Wok, in dem sich neben Ananas und Mango auch Klebreis und Kokosnussmilch wiederfinden. Diverse Saucen, Chutneys und Dips aus aller Welt finden sich mittlerweile ebenfalls fast in jeder Küche.

Ein bisschen (Koch) Spaß muss sein

In Zeiten, in denen wir von einem Termin zum nächsten hetzen, die Zeit immer knapper wird und die Lebensmittelindustrie für jeden Geschmack Fertiggerichte und Tiefkühlkost bereithält, ernähren wir uns immer einseitiger und kochen auch immer seltener.
Der Wok bietet hier eine echte Alternative zu Fast Food und Pizzaservice, denn mit ihm lassen sich frische und gesunde Zutaten schnell zu leckeren Gerichten verarbeiten.
Zudem verschiebt sich beim Kochen mit dem Wok das Verhältnis von Zubereitungs- und Kochzeit, was zu einem ganz neuen Kocherlebnis führt. Denn während in der europäischen Küche in der Regel 30 Prozent des Zeitaufwandes auf die Vorbereitung und 70 Prozent auf die Zubereitung eines Gerichts entfallen, verhält es sich in der asiatischen Wok-Küche genau anders herum.
Während der Vorbereitung der Zutaten bietet sich ausreichend die Gelegenheit, abzuschalten, die Gedanken schweifen zu lassen und nach einem anstrengenden Tag zur Ruhe zu kommen. Und sollte sich der erste Hunger

Exotische Gewürze bringen nicht nur Farbe, sondern auch Abwechslung auf den Tisch.

einstellen, kann bereits das ein oder andere Möhrenstück geknabbert werden.
Alleine mag einem die Vorbereitung der Zutaten vielleicht etwas langatmig und aufwendig erscheinen, zu zweit wird daraus aber auf jeden Fall ein kommunikatives und unterhaltsames Vergnügen. Frei nach dem Motto: »Übernimm du den Knoblauch und die Zwiebeln, ich kümmere mich um die Möhren, den Brokkoli und die Garnelen«, fehlt dann abschließend nur noch der Blick auf die Gewürze und übrigen Zutaten, die ihre Geschmacksrichtung bestimmen sollen, und das Gericht ist fertig. Mit dem Wok zu kochen ist einfach, unkompliziert und macht unglaublich viel Spaß. Und so heißt das neue Credo lecker, schlank und unkompliziert. Lange Garzeiten sind passè, denn wir garantieren mit unseren Rezepten eine Zubereitungszeit von nur 20 Minuten.

Würze in Kürze!

Welches andere Küchengerät als der Wok wäre geeigneter, um in Zeiten der Fusionsküche mutig zu experimentieren? Tasten Sie sich langsam heran, aber trauen Sie sich! Probieren Sie zum Würzen der Gulaschsuppe neben Majoran und Thymian auch heimischen Kümmel. Verwenden Sie gleichzeitig rosenscharfen und edelsüßen Paprika, oder staunen Sie über den kulinarischen Einklang von Basilikum, Oregano und Thymian mit Koriander und Kreuzkümmel, wenn sich alle zusammenfinden. Es gilt: erlaubt ist, was schmeckt!

Wichtiges Zubehör, das das Woken erleichtert.

Welchen Wok für Ihren Herd?

Da sich die Kochgewohnheiten zwischen Asien und Europa stark unterscheiden, werden in Europa Woks mit flachen Böden produziert. Sie ermöglichen es, den Wok wie einen Topf auf elektrische Herdplatten, Ceranfeldern oder Rechauds aufzusetzen. Die Auswahl in Bezug auf Größe, Material und Preis ist vielfältig. So gibt es heute Woks aus Aliminium, rostfreiem Edelstahl oder mit Teflon beschichtet. Die Preisspanne reicht von DM 50,– bis DM 1000,–.
Besonders empfehlenswert sind Woks aus Edelstahl, da sie die Hitze optimal weiterleiten, die Kochzeit verkürzen und somit die Nahrungsmittel schonen.
Mittlerweile gibt es jedoch auch ausgezeichnete Woks mit Antihaftbeschichtung. Hier haben Sie die Wahl zwischen Wokpfannen mit Stiel oder Woks mit Griffen.

Die »Befeuerung« ist aus sicherheitsbedingten Gründen nicht so stark wie in Asien. Rechauds mit Brennpasten bringen daher nur zufriedenstellende Hitze. Auf dem Herd hingegen, lassen sich höhere Temperaturen erreichen. Aus diesem Grund bietet die Industrie mittlerweile auch zunehmend Woks an, die speziell auf den Herd zugeschnitten sind und eine optimale Leistung bringen.
Teilweise lassen sich hoch erhitzbare Woks sogar als Paella-Pfannen umfunktionieren, die man in den Backofen schieben kann.
Grundsätzlich unterscheidet man zwischen Woks für den Herd oder für den Tisch. Letztere haben die sanftere Kugelform und lassen sich auf einem dazugehörigen Gestell über der Hitzequelle einhängen.

Vor dem Kauf eines Woks sollte Sie daher verschiedene Aspekte bedenken. Wird der Wok eher die Rolle des Kochtopfs übernehmen und daher überwiegend auf dem Herd stehen, oder planen Sie, häufiger Freunde zum »Woken« einzuladen? Dann empfiehlt sich eher ein Gerät für den Tisch, an dem es sich stundenlang gemütlich beisammensitzen lässt und von der Suppe über das leckere Hauptgericht bis hin zum süßen Tüpfelchen auf dem i alles ausprobiert werden kann. Ferner sollten Sie überlegen, in welcher Größenordnung Sie in der Regel kochen wollen. Ist der Wok zu groß für die eigenen Bedürfnisse, ist es nur eine Frage der Zeit, bis er nicht mehr zum Einsatz kommt.

Vorbereitung ist das Wichtigste

Die Vorbereitungen sind das A und O. Alle Zutaten müssen bereits fertig geschnitten sein und griffbereit um den Wok herum platziert werden. Es darf keine unnötigen Unterbrechungen geben, und sei es nur, um schnell frische Kräuter zu hacken oder die Gewürze zusammen zu suchen. In der Küchensprache spricht man von »mise en place«, ohne die es keine gute Küche geben kann.
Schauen Sie daher noch mal nach, ob auch Wokdeckel und Holzspatel griffbereit liegen. Erhitzen Sie den Wok, je nach Fabrikat, auf dem Herd oder über der Hitzequelle. Halten Sie die flache Hand über den Topfboden, um zu testen, ob der Wok heiß genug ist. Erst jetzt das Öl hineingießen und durch sachte Schwenkbewegungen bis zum Rand verteilen. Nur wenn der Wok überall mit einem Ölfilm überzogen ist, werden die zu garenden Lebensmittel nicht ankleben.

Die Zutaten der Reihe nach in den Wok geben. Achten Sie darauf, dass zuerst die Zutaten mit längeren Garzeiten, wie z. B. Möhrenstücke, angedünstet werden. Erst dann die Zutaten mit den kürzeren Garzeiten, etwa Chinakohlstreifen, dazugeben.

Nach Belieben wirbeln, schwenken, mischen, würzen, Deckel drauf oder lüften, naschen, abschmecken und lecker verspeisen.
Mit der richtigen Vorbereitung sind dem Kochspaß keine Grenzen gesetzt!

Grundausstattung und Vorratshaltung

Bevor Sie Ihren neuen Wok gleich zur Anwendung bringen, lesen Sie zunächst sorgfältig die Gebrauchsanweisung.
Zum Kochen benötigen Sie einen Holzspatel, damit der Wokboden nicht zerkratzt wird (auch bei kratzfesten Woks empfehlenswert).

In der Ruhe liegt die Kraft. Kochen als Entspannung hat in China Tradition.

Chinesische Grundnahrungsmittel, die immer vorrätig sein sollten.

Für kurzes Pfannenrühren kommt der Deckel nicht zur Anwendung, jedoch bei der Zubereitung von Suppen oder beim Dämpfen. Nachfolgend wichtige Zutaten:

FETTE UND ÖLE: Ein Wok kann zwar sehr hohe Temperaturen (bis zu 380 °C) erreichen, aber in einem normalen Haushalt liegt die Grenze bei Frittiergraden um 240 °C. Verwenden Sie Pflanzenöle wie Sonnenblumen-, Erdnuss-, Distel- oder Sesamöl. Olivenöl nicht zu hoch erhitzen. Fette wie Butterschmalz sollten Sie aus gesundheitlichen und geschmacklichen Gründen meiden. Bei manchen Rezepten habe ich auch Butter zum Anbraten, wie z. B. bei den Desserts, verwendet. In diesen Fällen mit den Temperaturstufen am Herd nicht zu hoch gehen.

KONSERVIERTE WARE: Bei Brühen auf die Inhaltsstoffe achten. Ihrer Gesundheit zuliebe sollten sie Brühe im Glas anstelle von Pulver mit Natriumglutamat verwenden. Erkunden

Sie sich im Reformhaus oder in Naturkostläden. Grundsätzlich wenig Dosenware verwenden. Ausnahmen sind Kokosnussmilch und Wasserkastanien. Erntefrisches, schockgefrorenes Gemüse kann bedenkenlos verwendet werden. Oftmals ist, wie bei Spinat, TK dem frischen Gemüse vorzuziehen.

REIS UND NUDELN: Sollten immer vorrätig sein. Sie können u.a. zwischen chinesischen Weizenmehlnudeln, Glasnudeln oder Spaghetti, Langkorn- oder Rundkornreis, Duftreis oder Wildreismischungen wählen.

KRÄUTER: Legen Sie sich auf der Fensterbank oder im Garten ein kleines Kräuterbeet an. Saisonalen Überschuss einfach hacken und portionsweise einfrieren.

SAUCEN: In Supermärkten gibt es eigene Asienregale. Diese sind mit den gängigsten Saucen, wie Soja-, und Chilisaucen, süßsauren Saucen, Chutneys und Relishes gut bestückt. Ein kleiner Vorrat von Ihren »Lieblingswürzern« und Aromaten ist empfehlenswert.

GEMÜSE: Bei unseren Ladenöffnungszeiten ist es heutzutage kein Problem mehr, idealerweise jeden zweiten Tag, »Frischfutter« zu kaufen: Möhren, Sellerie, Brokkoli, Zucchini, Bohnen und Chinakohl bilden einen guten Grundstock, um etwas Kreatives im Wok zu zaubern.

Die folgenden Rezepte sind mit viel Liebe und Kreativität entstanden, mindestens zweimal nachgekocht und sehr oft gegessen worden. Wir hoffen, Sie haben mit diesem Buch ebenso viel Spaß, wie wir ihn beim Schreiben, Kochen, Fotografieren, Essen und Genießen gehabt haben.

Suppen und Eintöpfe

Die Renaissance der Suppen hat begonnen, in einer
überarbeiteten, kalorien- und zeitreduzierten Form.
Die Zutaten sind eins, zwei, drei geschnippselt und ruck-
zuck im Wok. Und wen gelüstet es nach einem langen
Arbeitstag oder an nasskalten Tagen nicht nach einer
heißen Suppe. Wir haben alles für Sie gekocht.
Von der Käse-Spargel-Suppe, über die chinesische
Gemüsesuppe bis zur Gulaschsuppe.
Guten Appetit!

Gelingt leicht

Der Kuss der Kokosnuss

Für 2 Portionen

- 2 Knoblauchzehen
- 2 Frühlingszwiebeln
- 200 g gekochte Kartoffeln
- 3 EL Pflanzenöl
- 1 TL Currypaste
  (Fertigprodukt)
- 250 ml Geflügel- oder
  Gemüsebrühe
- 250 g Kokosnussmilch
  (Dose)
- Salz, schwarzer Pfeffer
- 1 TL Sojasauce
- 100 g geschälte Garnelen
- 2 EL ungesüsste Kokosnussraspeln

1. Die Knoblauchzehen abziehen und fein würfeln.
Die Frühlingszwiebeln putzen
und klein würfeln.

2. Die Kartoffeln in kleine
Würfel schneiden. Den Wok
auf dem Herd heiß werden
lassen und das Pflanzenöl
darin erhitzen.

3. Die Knoblauch- und Frühlingszwiebeln im Pflanzenöl
andünsten. Die Currypaste
einrühren und sofort mit
Brühe aufgießen.

4. Die Kokosnussmilch zugießen und die Suppe nach
dem ersten Aufkochen 5 Minuten ziehen lassen. Mit Salz,
Pfeffer und Sojasauce würzen.

5. Die Garnelen und die Kartoffeln in der Suppe erhitzen.
Nochmals abschmecken und
in vorgewärmte Schalen verteilen. Mit Kokosnussraspeln
garnieren.

Zubereitungszeit:
ca. 20 Minuten

Serviertipp
Als Einlage zusätzlich Gemüsestreifen, gehacktes Koriandergrün und Zitronengras in
Schälchen servieren.

Variante
Sollten Sie keine Currypaste
haben, so verwenden Sie einfach eine halbe, frisch gewürfelte Chilischote. Die Currypaste bekommen Sie jedoch
in Thailäden, Asienläden und
in gut sortierten Lebensmit-
telabteilungen diverser Kauf-
häuser.

Tipp
In Asienläden oder auf gut
sortierten Wochenmärkten
bekommen Sie frische Ko-
kosnüsse. Das Kokosnuss-
wasser aus den Nüssen gut
gekühlt als Aperitiv servieren. Die Kokosnusssuppe
in die frischen Kokosnüsse
füllen und servieren.

Das mögen Kinder

Samtiger Hühnereintopf

Für 2 Portionen

- ½ Suppenbund (bestehend aus Möhre, Sellerie, Lauch und Petersilie)
- 2 EL Pflanzenöl
- Salz, schwarzer Pfeffer
- 1 TL getrockneter Thymian
- 500 ml Hühnerbrühe (Instant)
- 150 g Hähnchenbrustfilet
- 1 Msp. geschroteter Zitronenpfeffer
- ½ Zucchini
- 100 g Sahne

Für die Garnitur:

- 2 EL Crème fraîche
- 1 Bund Schnittlauchröllchen

1. Das Suppenbund säubern und alles sehr klein schneiden. Den Wok auf dem Herd heiß werden lassen und das Pflanzenöl darin erhitzen.

2. Unter Rühren das Gemüse einige Minuten andünsten. Mit Salz, Pfeffer und Thymian würzen. Mit Hühnerbrühe aufgießen und bei geringer Hitze kochen lassen.

3. In der Zwischenzeit das Hähnchenbrustfilet in dünne Streifen schneiden. Mit Salz, Pfeffer und Zitronenpfeffer würzen.

4. Die Zucchini waschen, längs vierteln und quer in Stücke schneiden. Die Sahne, die Hühnerfleischstreifen und die Zucchinistücke in die Suppe rühren.

5. Den Eintopf noch einige Minuten ziehen lassen und nochmals abschmecken. Je einen Löffel Crème fraîche in eine Portionsschale geben, mit Schnittlauch bestreuen und mit der Suppe begießen.

Zubereitungszeit: ca. 20 Minuten

Serviertipp

Frisches Walnussbrot zum Tunken bereitstellen.

Variante

Zusätzlich Stangensellerie, gehäutete Tomatenstreifen, grüne Oliven und Zwiebelstreifen in den Eintopf geben. Je mehr Gemüse, umso mehr Eintopf.

Tipp

Soll es noch schneller gehen, einfach ein ganzes Grillhähnchen kaufen. Die Hälfte davon fürs Abendessen, vielleicht für einen Jumbo-Salat verwenden. Die zweite Hälfte enthäuten, entbeinen, klein schneiden und am nächsten Tag für diesen Eintopf verwenden. Sollten Sie mehr Zeit zur Verfügung haben, einfach den Suppenbund mit einem ganzen Suppenhuhn zum Kochen aufstellen. Die Suppe ist fertig, wenn sich die Hühnerbeine leicht lösen lassen. Die Suppe durch ein Sieb gießen und je nach Gebrauch, portionsweise einfrieren. Das Huhn enthäuten, entbeinen und in kleine Stücke schneiden.

Blitzschnell

Prosecco-Shrimps-Eintopf

Für 2 Portionen

- 1 Lauchstange
- ½ frische Chilischote
- 2 EL Pflanzenöl
- 100 ml Prosecco
  (oder Schaumwein)
- 300 ml Geflügelbrühe
  (Instant)
- 50 g Reis
- 6 geschälte Riesengarnelen
- Salz, schwarzer Pfeffer
- 1 EL Zitronensaft
- 3 Blätter Chinakohl

Nach Belieben
- 1 EL fein gewürfeltes
  Zitronengras

1. Die Lauchstange der Länge nach halbieren, zwischen den Blattschichten waschen und quer in feine Streifen schneiden. Die Chilischote säubern, entkernen und fein würfeln.

2. Den Wok auf dem Herd heiß werden lassen und das Pflanzenöl erhitzen. Die Lauchstreifen und Chiliwürfel 2 Minuten andünsten.

3. Den Wokinhalt mit der Halben Menge Prosecco und der Geflügelbrühe aufgießen. Nach dem ersten Aufkochen den Reis einstreuen und die Suppe bei mittlerer Hitze kochen.

4. In der Zwischenzeit die Riesengarnelen der Länge nach durchschneiden, entdarmen und unter fließend kaltem Wasser waschen. Mit Salz, Pfeffer und Zitronensaft würzen.

5. Die Chinakohlblätter waschen, trocken schwenken und quer in ½ cm breite Streifen schneiden. Zusammen mit den Riesengarnelen in die Suppe geben.

6. Die Suppe nochmals abschmecken und sobald der Reis gar ist, servieren. Nach Belieben frisch gewürfeltes Zitronengras darüber streuen.

Zubereitungszeit:
ca. 15 Minuten

Serviertipp
Dazu schmeckt Krupuk, fritiertes Krabbenbrot, oder getoastetes Weißbrot.

Variante
Den Eintopf mit chinesischen Pilzen, Glasnudeln, gewürfeltem Gemüse und frisch gehacktem Koriandergrün variieren.

Ein edles Gericht – nicht nur für Feinschmecker!

Tipp

Der Unterschied zwischen Suppe und Eintopf ist ganz einfach: Suppen haben meist eine dünnflüssige Konsistenz, und werden in der Regel nur aus wenigen Zutaten zubereitet. Bei einem Eintopf stellt man sich von vorne herein auf eine nahrhaftere Speise mit mehreren Zutaten ein. Obiges Rezept ist beliebig erweiterbar.

Schnelle Bouillabaisse

Raffiniert

Für 2–3 Portionen

- 500 ml Fischfond (Fertigprodukt im Glas)
- 50 ml trockener Weißwein
- 2 cl Pernod (Anisschnaps)
- 1 Knoblauchzehe
- 1 kleine Zwiebel
- ¼ Fenchel
- 100 g Zucchini
- 4 geschälte Riesengarnelen
- 200 g edles Fischfilet (Zander, Lachs, Wolfs- barsch, Seeteufel)
- Salz, schwarzer Pfeffer
- Saft von ½ Zitrone
- 100 g Sahne
- 1 TL Kräutermischung (TK-Ware)
- 1 Msp. Safranfäden
- 8 frische, geputzte Muscheln

Nach Belieben
- 2 getoastete Weißbrot- scheiben,
- 50 g Mayonnaise mit frisch gepresstem Knoblauch vermischt

1. Den Fischfond, Weißwein und Pernod im Wok ver- rühren und erhitzen. In der Zwischenzeit die Knoblauch- zehe und die Zwiebel ab- ziehen und in Streifen schneiden.

2. Den Fenchel und das -grün waschen und in Streifen schneiden. Die Zucchini waschen, längs vierteln und quer in Stücke schneiden. Alles Gemüse in die Suppe geben.

3. Die Riesengarnelen längs halbieren und entdarmen. Die Fischfilets in mundge- rechte Stücke schneiden und zusammen mit den Garnelen unter fließend, kaltem Wasser waschen. Mit Salz, Pfeffer und Zitronensaft würzen.

4. Die Suppe mit Sahne, Kräutern und Safranfäden verfeinern. Garnelen, Fisch- stücke und die Muscheln in die Suppe legen.

5. Die Suppe bei geringer Hitze 5 Minuten ziehen lassen und nochmals abschmecken. Sobald sich die Muschelscha- len öffnen, die Bouillabaisse in vorgewärmte, tiefe Teller verteilen. Den Toast mit Knoblauchmayonnaise dazu reichen.

Zubereitungszeit: Ca. 20 Minuten

Serviertipp
Grob geriebenen Parmigiano Reggiano und frisch gehack- ten Dill dazu reichen. Ein Gläschen französischen Weißwein, wie z. B. den Cotes de Provence dazu genießen.

Variante
Die Original Bouillabaisse stammt aus Marseille und lebt von den frischen Fängen aus dem Meer: Krabben, Lan- gusten und Mittelmeerfische. Lassen Sie sich im Fischge- schäft beraten.

Tipp

Bei der Würzung der Bouillabaisse sind die Safranfäden und der Hauch Anisgeschmack sehr wichtig. Dazu viele frische Kräuter und Gemüse. Diesen bekannten Eintopf gibt es in über 100 Varianten – eben abhängig vom Fischfang und dem Gemüse der Saison.

Blitzschnell

Gulaschsüppchen Rapido

Für 2 große Portionen

- 6 EL Pflanzenöl
- 150 g Rinderhackfleisch
- 2 Zwiebeln
- 2 Knoblauchzehen
- Salz, schwarzer Pfeffer
- ½ TL edelsüßes Paprikapulver
- 1 Msp. rosenscharfes Paprikapulver
- ½ TL Kümmel
- ½ TL abgeriebene Zitronenschale
- ½ TL getrockneter Majoran
- 500 ml Fleischbrühe
- 1 Lorbeerblatt
- 1 rote Paprikaschote

Nach Belieben

- 100 g saure Sahne,
- ½ TL getrockneter Majoran
- ½ TL getrockneter Thymian
- 1 TL Zitronensaft

1. Den Wok heiß werden lassen und 2 Esslöffel Pflanzenöl darin erhitzen. Das Rinderhackfleisch einstreuen und krümelig braten.

2. Zwiebeln und Knoblauchzehen abziehen und in dünne Streifen schneiden. Zusammen mit dem restlichen Pflanzenöl in den Wok geben.

3. Den Wokinhalt etwa 5 Minuten durchrühren und dabei mit den Gewürzen abschmecken. Mit Fleischbrühe aufgießen, Lorbeerblatt einlegen und 10 bis 15 Minuten bei geringer Hitze kochen lassen.

4. In der Zwischenzeit die Paprikaschote waschen, entkernen und in ½ cm Stücke schneiden. Etwa 5 Minuten vor Ende der Garzeit in die Suppe rühren.

5. Die saure Sahne mit Majoran, Thymian und Zitronensaft verrühren. Die Suppe nochmals abschmecken und in vorgewärmte Suppentassen verteilen. Mit der sauren Sahne garnieren.

Zubereitungszeit:
ca. 20 Minuten

Serviertipp

Dazu schmeckt kräftiges Bauernbrot und ein Glas ungarischer oder österreichischer Rotwein.

Variante

Noch besser schmeckt's, wenn Sie die Zeit haben 150 Gramm Entrecôte oder anderes Rindfleisch zum Kurzbraten in kleinste Würfel zu schneiden. Anbraten, wie im obigen Rezept beschrieben.

Tipp

Wenn Sie viel Zeit haben, probieren Sie folgendes aus: Einen Teil Zwiebelstreifen in Pflanzenöl etwa 20 Minuten dünsten. Zwischendurch mit etwas Wasser beträufeln. Erst dann die Fleischstückchen mit den Zwiebeln und den Gewürzen weitere 20 Minuten schmoren lassen. Mit Wasser aufgießen und nochmals 20 Minuten kochen lassen. Die Zwiebeln zerfallen und geben somit der Suppe die klassische Gulaschsuppenbindung. Aber wie gesagt, nur wenn Sie Zeit haben.

Das mögen Kinder

Cremiges Tomatensüppchen

Für 2 Portionen

- 1 kleine Zwiebel
- 2 Knoblauchzehen
- 50 g Schinkenspeck
- 3 EL Pflanzenöl
- 1 TL Tomatenmark
- 1 Prise Mehl
- 400 ml Gemüsebrühe
- 200 g geschälte Tomaten mit Saft
- Salz, schwarzer Pfeffer
- 1 TL gemischte Kräuter
- 1 EL Crème frâiche

1. Die Zwiebel und die Knoblauchzehen abziehen und fein würfeln. Den Schinkenspeck in kleine Würfel schneiden.

2. Den Wok auf dem Herd heiß werden lassen und das Pflanzenöl darin erhitzen. Die Zwiebel, den Knoblauch und den Schinkenspeck darin andünsten.

3. Den Wokinhalt unter Rühren mit Tomatenmark leicht rösten. Mit Mehl bestäuben, kurz durchrühren und mit Gemüsebrühe aufgießen. Bei geringer Hitze 5 Minuten kochen lassen.

4. Die Tomaten klein schneiden und mit Saft in den Wok rühren. Mit Salz, Pfeffer und Kräutern würzen. Mit Crème frâiche cremig rühren und noch einige Minuten ziehen lassen.

Zubereitungszeit:
ca. 20 Minuten

Serviertipp
Reichen Sie dazu Gemüsestangen wie Fenchel, Gurke, Stangensellerie oder Möhren zum Umrühren und Dippen.

Vegetarisch

Hirsenockerl in Sherrybrühe

Für 2 Portionen

- 100 g Magerquark
- 30 g weicher Butter
- 1 Ei (Größe L)
- 100 g Hirseflocken
- ½ TL gemischte Kräuter (TK-Ware)
- Salz, 1 Msp. gemahlene Muskatnuss
- 100 g frische Shiitake-Pilze
- 400 ml Gemüsebrühe
- 5 cl Sherry

1. Den Magerquark mit der Butter und dem Ei cremig rühren. Die Hirseflocken sowie die Kräuter unterrühren. Mit Salz und Muskatnuss würzen. Den Teig abdecken und in den Kühlschrank stellen.

2. Die Shiitake-Pilze waschen und in Streifen schneiden. Die Gemüsebrühe mit Sherry aufkochen und dann bei geringer Hitze köcheln lassen.

3. Mit Hilfe von zwei angefeuchteten Teelöffeln vom Hirseteig etwa 12 Nockerl abstechen und in die nicht

kochende Gemüsebrühe geben.

4. Die Hirsenockerl etwa 10 Minuten ziehen lassen. Zwischendurch die Shiitake-Streifen einlegen. Nochmals abschmecken und servieren.

Zubereitungszeit:
ca. 20 Minuten

Serviertipp
Dazu schmeckt frisches Bauernbrot mit Butter und Schnittlauch sehr gut.

Das mögen Kinder

Käse-Spargel-Suppe

Für 2 Portionen

- 1 Zwiebel
- 200 g grüner Spargel
- 2 EL Pflanzenöl
- 25 g Kräuterbutter (Portionsstück)
- 250 ml Hühnerbrühe (Instant)
- 100 g Sahne
- 100 g grob geraspelter Cheddar
- Salz, schwarzer Pfeffer

Außerdem
1 EL gehackter Schnittlauch

1. Die Zwiebel abziehen und fein würfeln. Den Spargel waschen, schälen und quer in 1 cm lange Stücke schneiden.

2. Den Wok auf dem Herd heiß werden lassen und das Pflanzenöl darin erhitzen. Die Zwiebelwürfel darin andünsten und die Spargelstücke, sowie die Kräuterbutter hinzufügen.

3. Den Spargel etwa 5 Minuten dünsten und mit Hühnerbrühe aufgießen. Nach dem ersten Aufkochen die Hitze zurückdrehen.

4. Die Sahne zugießen und den Käse unter Rühren darin schmelzen lassen. Mit Salz und Pfeffer würzen. In vorgewärmte Suppentassen verteilen und mit Schnittlauch bestreuen.

Zubereitungszeit:
ca. 15 Minuten

Serviertipp
Zur Suppe geröstete Brotwürfel und gehäutete Tomatenstreifen servieren.

Variante
Anstelle des Cheddar einen Schmelzkäsewürfel und etwas geriebenen Gouda verwenden.

Tipp

Falls die Spargelsaison nicht mit Ihren »Spargelgelüsten« zusammenfällt, verwenden Sie entweder Spargelstücke aus dem Glas oder tiefgekühlte Spargelstangen.

Raffiniert

Tofusuppe mit Lilienknospen

Für 2 Portionen

- 20 g getrocknete Lilienknospen
- 2 getrocknete Mu-Err-Pilze
- 100 g Wasserkastanien (Dose)
- 100 g Tofu mit Kräutern (oder geräucherter Tofu)
- 50 g frische Maiskölbchen
- ½ Stange Lauch
- 2 EL Pflanzenöl
- 1 EL Hoisin-Sauce
- ½ l Gemüsebrühe
- Salz, schwarzer Pfeffer

1. Die Lilienknospen sowie die Mu-Err-Pilze separat mit heißem Wasser übergießen und quellen lassen. Die Wasserkastanien in dünne Scheibchen schneiden.

2. Den Tofu in kleine Würfel schneiden. Die Maiskölbchen waschen und je nach Größe quer halbieren.

3. Den Lauch zwischen den Blattschichten waschen und quer in dünne Streifen schneiden. Die Mu-Err-Pilze ausdrücken und in dünne Streifen schneiden. Vom Pilzsaft etwa 50 Milliliter auffangen.

4. Den Wok auf dem Herd heiß werden lassen und das Pflanzenöl darin erhitzen. Die Lauchstreifen darin andünsten. Den Pilzsaft mit Hoisin Sauce verrühren und in den Wok geben.

5. Die Gemüsebrühe in den Wok gießen und aufkochen lassen. Die Lilienknospen ausdrücken, dabei harte Stiele entfernen und in Streifen schneiden.

6. Alle vorbereiteten Zutaten in die Gemüsebrühe rühren und bei mittlerer Hitze etwa 5 Minuten ziehen lassen. Mit Salz und Pfeffer würzen.

Zubereitungszeit:
ca. 20 Minuten

Serviertipp
Chinesisches Sesamöl, Sojasauce und Chilisauce zum Würzen oder Nachwürzen der Suppe servieren.

Variante
Zusätzlich chinesische Weizenmehlnudeln, Bambusschößlinge und Sojabohnensprossen in die Suppe geben.

Tipp
Lilienknospen sind außerhalb Asiens nur getrocknet im Handel erhältlich. In der chinesischen Küche gelten sie als wahre Delikatesse, nicht zuletzt, weil sie ein sehr würziges Aroma haben. Beim »Woken« die Lilien knospen einweichen, ausdrücken, klein schneiden und zusammen mit Fleisch, Fisch oder Gemüse. In heißem Öl braten.

Raffiniert

Suppenfondue Asia

Für 2 Portionen

- 50 g Glasnudeln
- 100 g frische Sojabohnensprossen
- 100 g Austernpilze
- 100 g Rinderfilet
- 100 g geschälte Garnelen
- 1 TL Zitronensaft
- 50 g frische Spinatblätter
- 600 ml Gemüsebrühe
- Salz, schwarzer Pfeffer
- 1 TL Sojasauce

1. Die Glasnudeln mit heißem Wasser begießen und 5 Minuten quellen lassen. Die Sojabohnensprossen waschen und in einem Sieb abtropfen lassen.

2. Die Austernpilze putzen und in Streifen schneiden. Das Rinderfilet in schmale Streifen schneiden. Die Garnelen mit Zitronensaft beträufeln.

3. Die Spinatblätter verlesen, waschen und in einem Sieb abtropfen lassen. Die Gemüsebrühe im Wok aufkochen. Mit Salz, Pfeffer und Sojasauce würzen.

4. Die Glasnudeln in ein Sieb gießen und abtropfen lassen. Rinderfilet, Sojabohnensprossen, Austernpilze und Glasnudeln in der Gemüsebrühe 5 Minuten ziehen lassen.

5. Kurz vor dem Servieren den Spinat sowie die Garnelen in die Brühe rühren. Nochmals abschmecken und in vorgewärmten, asiatischen Suppenschalen heiß servieren.

Zubereitungszeit: ca. 20 Minuten

Serviertipp
Dazu zwei Portionsschalen Klebreis und chinesische Chilisauce servieren.

Variante
In diesem schnellen, unkomplizierten und leicht bekömmlichen Suppenfondue sind der Fantasie und den saisonalen Zutaten keine Grenzen gesetzt. Ob Mu-Err Pilze, Shiitake Pilze, Frühlingszwiebeln, Chinakohl, Möhren oder andere Sorten Fleisch – alles passt in die Suppe.

Tipp

Den Wok mit der Gemüsebrühe an den Esstisch stellen. Jeder kann seine Zutaten in diese Suppe tauchen und mit speziellen »Suppenkörbchen« herausfischen. Diese gibt es in allen asiatischen Läden zu kaufen.

Das Suppenfondue Asia ist ein traditionelles Gericht.

Raffiniert

Weiße Bohnensuppe mit Knoblauch

Für 2–3 Portionen

- ½ Stange Lauch
- 5 Knoblauchzehen
- 1 Möhre
- 4 EL Pflanzenöl
- 500 ml Gemüsebrühe
- 200 g weiße, gekochte Bohnen (aus dem Glas)
- 100 g Sahne
- Salz, schwarzer Pfeffer
- 1 TL gemischte Kräuter (TK-Ware)
- 50 g frisch geriebener Käse Ihrer Wahl

1. Den Lauch zwischen den Blattschichten waschen und quer in feine Streifen schneiden. Die Knoblauchzehen abziehen und fein würfeln.

2. Die Möhre schälen, längs vierteln und quer in Scheibchen schneiden. Den Wok auf dem Herd heiß werden lassen und das Pflanzenöl darin erhitzen.

3. Den Lauch und die Knoblauchwürfel unter Rühren andünsten. Mit Gemüsebrühe aufgießen, aufkochen lassen und die Bohnen darin erhitzen.

4. Die Suppe mit einem Mixstab grob pürieren. Mit Salz und Pfeffer würzen und die Sahne zugießen. Etwa 5 Minuten bei geringer Hitze kochen lassen und dabei die Möhren einrühren.

5. Die Suppe nochmals abschmecken und Kräuter sowie Käse einrühren. Die Suppe auf vorgewärmte Teller oder Tassen verteilen.

Zubereitungszeit: ca. 20 Minuten

Serviertipp

Dazu passt knackiges Baguette zum Tunken. Zum Trinken einen gut gekühlten Weißwein wie z. B. einen australischen Koonunga Hill.

Variante

Die Knoblauchmenge nach Belieben erhöhen. Es gibt so viele Käsesorten, dass man öfter was Neues ausprobieren sollte wie z. B. einen spanischen Manchego, verschiedene Schafskäsesorten oder neue holländische Varianten vom Gouda, Leerdamer oder Maasdamer.

Tipp

Die Suppe muss nicht unbedingt püriert werden. Sie können die Bohnen einfach in der Knoblauchbrühe erhitzen und mit Sahne verfeinern. Übrigens – die Möhrenscheibchen schmecken »al dente« in der weißen Bohnensuppe besonders gut.

Das mögen Kinder

Schweinemettbällchen-Suppe

Für 2 Portionen

- 1 kleine Zwiebel
- 250 g Schweinemett
- Salz, schwarzer Pfeffer
- ½ TL edelsüßes Paprika-pulver
- 250 g Zucchini
- 5 EL Pflanzenöl
- 500 ml Gemüsebrühe
- 1 TL gemischte Kräuter (TK-Ware)

1. Die Zwiebel abziehen und fein würfeln. Zusammen mit dem Schweinemett verkneten. Mit Salz, Pfeffer und Paprikapulver würzen.

2. Aus dem Schweinemett-Teig etwa 10 Bällchen formen. Die Zucchini waschen, die Stielenden entfernen und die Zucchini in schmale Streifen schneiden.

3. Den Wok auf dem Herd heiß werden lassen und darin 4 Esslöffel Pflanzenöl erhitzen. Die Schweinemettbällchen darin von allen Seiten etwa 5 Minuten braten. Herausnehmen und auf einen Teller legen.

4. Das restliche Pflanzenöl in den Wok gießen und die Zucchinistreifen andünsten. Mit Gemüsebrühe aufgießen und aufkochen lassen.

5. Die Gemüsebrühe nicht mehr kochen. Mit Salz, Pfeffer und Kräutern würzen. Die Schweinemettbällchen nur noch zum Erwärmen einlegen.

Zubereitungszeit:
ca. 20 Minuten

Serviertipp
Dazu passt kräftiges Bauern- oder Walnussbrot.

Variante
Weitere Gemüsestreifen von Möhren, Sellerie und Frühlingszwiebeln in die Suppe geben.

Tipp

Das Schweinemett mit Cayennepfeffer oder gewürfeltem Chili zusätzlich würzen – allerdings nicht für die Kinder.

Länderspezifisch

Chinesische Gemüsesuppe

Für 2 Portionen

- ¾ l Gemüsebrühe
- 2 EL Reis
- 2 getrocknete Mu-Err-Pilze
- 1 Strang Glasnudeln
  (etwa 50 g)
- 2 Chinakohlblätter
- 50 g frische Sojabohnensprossen
- 2 Frühlingszwiebeln
- 50 g Tofu
- 100 g Erbsen (TK-Ware)
- Salz, schwarzer Pfeffer
- 1 EL Sojasauce

1. Die Gemüsebrühe im Wok aufkochen, den Reis einstreuen und die Hitze reduzieren. Die Mu-Err-Pilze mit heißem Wasser begießen und 10 Minuten quellen lassen.

2. Die Glasnudeln mit heißem Wasser begießen. Die China-kohlblätter waschen, trocken-schwenken und quer in 1 cm lange Streifen schneiden.

3. Die Sojabohnensprossen waschen und in einem Sieb abtropfen lassen. Die Früh-lingszwiebeln putzen, halbie-ren und in feine Streifen schneiden.

4. Die Glasnudeln in ein Sieb gießen und abtropfen lassen. Die Mu-Err Pilze fest aus-drücken und in Streifen schneiden.

5. Den Tofu in kleine Würfel schneiden. Alle vorbereiteten Zutaten sowie die Erbsen zum Erhitzen in die Gemüsebrühe geben. Mit Salz, Pfeffer und Sojasauce abschmecken.

Zubereitungszeit:
ca. 20 Minuten

Serviertipp

Dazu schmeckt Jasmintee oder chinesisches Bier.
Zum Tunken für die Suppe frit-tiertes Krabbenbrot (Krupuk) oder einen Beutel chinesische Knabbereien in einem Schüs-selchen dazu stellen.

Variante

Stellen Sie die Zutaten nach Ihrem Geschmack zusammen. Wählen Sie z. B. Teigtaschen wie Ravioli, Wan Tan oder auch Maultaschen. Lauch-streifen, Zucchinischeiben oder Möhrenstifte können Sie ebenfalls in die Suppe geben.

Tipp

Die chinesische Gemüsebrühe können Sie selbst gut herstellen. Dazu ½ Suppenbund klein schneiden und in 1 Liter kochendes Wasser geben. Etwas feingehackten Ingwer, 2 Zwiebelhälften, etwas Salz und einige Pfef-ferkörner in die Suppe geben. Bei geringer Hitze 30 Minuten kochen lassen. Durch ein Sieb streichen, erneut aufkochen und, wie im Rezept oben beschrieben, weiter verfahren.

Diese traditionelle Suppe schmeckt auch vegetarisch.

Gemüse, Reis, Nudeln und Kartoffeln

Gemüse, Reis, Nudeln und Kartoffeln sind hier keine Beilagen, sondern avancieren solo oder mit Fleisch oder Fisch zu Hauptdarstellern. Die kulinarischen Grenzen sind fließend, ob Sie auf ein raffiniertes Pichelsteiner, eine feurige Paella oder auf eine indonesische Reis-pfanne Lust haben. Kombimöglichkeiten und der Blick in den Kühlschrank lassen zusätzlich den Wok auf Hochtouren brutzeln.

Länderspezifisch

Feurige Duft-Paella

Für 2 Portionen

- 3 Knoblauchzehen
- 1 Chorizo (spanische, scharfe Mettwürstchen oder Cabanossi)
- ½ grüne Paprikaschote
- ½ frische Chilischote
- 100 g Hähnchenschnitzel
- 200 g Garnelen
- 4 cl Sherry
- 3 EL Pflanzenöl
- 100 g Duftreis
- Salz, schwarzer Pfeffer
- 1 Döschen gemahlener Safran

Nach Belieben
- Cayennepfeffer
- 400 ml Brühe (am besten Geflügelbrühe)

1. Die Knoblauchzehen abziehen und fein würfeln. Die Chorizo pellen und klein würfeln. Die Paprikaschote waschen, entkernen und in 1 cm große Würfel schneiden.

2. Die Chilischote säubern, entkernen und fein würfeln. Die Hähnchenschnitzel in ½ cm Streifen schneiden. Die Garnelen mit Sherry beträufeln.

3. Den Wok auf dem Herd heiß werden lassen und das Pflanzenöl darin erhitzen. Unter Rühren Paprika, Knoblauch, Chili, Chorizo und Fleischstreifen braten.

4. Den Reis einstreuen und den Wokinhalt mit Salz, Pfeffer und Safran würzen. Mit Sherry beträufeln.

4. Die Brühe zugießen, aufkochen und die Hitze zurückdrehen. Bei mittlerer Hitze und gelegentlichem Umrühren in 15 Minuten fertig garen.

5. Kurz vor Ende der Garzeit die Garnelen unter die Paella mischen. Nochmals abschmecken und mit Cayennepfeffer »nachfeuern«.

Zubereitungszeit:
ca. 20 Minuten

Serviertipp

Dazu passen eingelegte Artischocken, schwarze und grüne Oliven sowie frisches Olivenbrot.

Variante

In diesen Reistopf passt alles was Ihnen »lieb und teuer« ist. Wie z. B. in Streifen geschnittene, getrocknete Tomaten, eingelegte Artischocken, Tintenfisch oder verschiedene Fischfilets. Diese jedoch erst zuletzt unterheben, sonst werden sie trocken.

Tipp

Sollten Sie über einen Backofen geeigneten Wok verfügen, die Paella nach dem ersten Aufkochen in den auf 200 °C vorgeheizten Backofen schieben. Die Garzeit beträgt 15 Minuten. Den Backofen ausschalten und die Paella noch 5 Minuten ziehen lassen. Übrigens heißt Topf auf spanisch Paella.

Länderspezifisch

Schneller Pichelsteiner

Für 2 Portionen

- 1 Zwiebel
- 2 Möhren
- 100 g Schweinelendchen
- 2 EL Pflanzenöl
- 400 g Kartoffeln
- Salz, schwarzer Pfeffer
- 1 TL Kümmel
- 400 ml Fleisch- oder Gemüsebrühe

Für die Garnitur
- gehackte Petersilie

1. Die Zwiebel abziehen, halbieren und in Streifen schneiden. Die Möhren schälen und quer in dünne Scheiben schneiden.

2. Die Schweinelendchen in 1 cm dünne Stücke schneiden. Den Wok auf dem Herd heiß werden lassen und das Pflanzenöl erhitzen.

3. Die Zwiebeln im Wok andünsten. Nebenbei die Kartoffeln schälen und in dünne Scheiben schneiden. Kartoffeln, Möhren und Fleisch abwechselnd in den Wok geben. Mit Salz, Pfeffer und Kümmel würzen.

4. Den Wokinhalt mit Brühe angießen und aufkochen. Die Hitze etwas zurückdrehen und den Wok mit einem Deckel verschließen.

5. Den Pichelsteiner bei mittlerer Hitze etwa 20 Minuten garen. Auf zwei tiefe Teller verteilen und mit Petersilie garnieren.

Zubereitungszeit:
Ca. 30 Minuten

Serviertipp
Dazu passt kräftiges Bauernbrot mit Butter und Schnittlauch. Als Getränk am besten Bier oder eine Weinschorle.

Variante
Noch schneller zubereiten können Sie den Pichelsteiner mit gekochten Kartoffeln aus dem Glas oder mit Pellkartoffeln vom Vortag.

Tipp

Dieses Gericht stammt aus Niederbayern und ist seit Generationen beliebt und gerne gegessen. Die Kombination aus Kartoffeln, Möhren und Fleisch ist aber sehr variabel. Von Rind-, Lamm-, bis Kalbfleisch ist alles möglich.

Blitzschnell

Paprikawok mit 10 Gewürzen

Für 2 Portionen

- je 1 rote, gelbe und grüne Paprikaschote
- 1 Zwiebel
- 2 Knoblauchzehen
- 4 EL Pflanzenöl
- 1 Prise Zucker
- je 1 Msp. rosenscharfes und edelsüßes Paprikapulver
- ¼ TL gemahlener Piment
- ½ TL Korianderkörner
- ½ TL Kreuzkümmel
- ¼ TL getrockneter Oregano
- ¼ TL getrockneter Thymian
- ¼ TL getrockneter Basilikum
- Salz
- ¼ TL grob geschroteter Pfeffer
- 200 g gewürfelte Tomaten mit Saft (Tetra Pak)
- 1 Dose Thunfisch im eigenen Saft

1. Die Paprikaschoten waschen, entkernen und in 1 cm große Würfel schneiden. Die Zwiebel und die Knoblauchzehen abziehen und fein würfeln.

2. Den Wok auf dem Herd heiß werden lassen und 2 Esslöffel Pflanzenöl darin erhitzen. Unter Rühren Zwiebel- und Knoblauchwürfel langsam andünsten.

3. Die Paprikastücke einrühren. Restliches Pflanzenöl mit den Gewürzen verrühren und über die Paprikastücke träufeln. Einige Minuten braten lassen.

4. Die Tomaten einrühren und alles nochmals würzen. Den Thunfisch kurz abgießen und mit einer Gabel zerpflückt über den Wokinhalt geben. Sofort servieren.

Zubereitungszeit: ca. 15 Minuten

Serviertipp
Knoblauch- oder Kräuterbaguette aus dem Backofen

Variante
Anstelle des Thunfischs mit Hühnchenstreifen variieren. Das Paprikagemüse auf einer Wildreismischung oder mit Tagliatelle servieren.

Info

Paprikaschoten enthalten mehr Vitamin C als Orangen oder andere Zitrusfrüchte. Daher die Schoten wirklich nur kurz braten – die wertvollen Vitamine gehen sonst zu schnell verloren.
Mittlerweile gibt es auch violette Paprikaschoten im Handel, allerdings werden diese beim Erhitzen grün.

Diese unglaubliche Gewürzvielfalt muss einfach begeistern.

Länderspezifisch

Indonesische Reispfanne

Für 2 Portionen

- 150 g Hähnchenschnitzel
- 1 kleine Zwiebel
- 1 Knoblauchzehe
- 1 Möhre
- 100 g frische Sojabohnen-sprossen
- 200 g geschälte Garnelen
- Saft von ½ Zitrone
- 2 Chinakohlblätter
- 3 EL Pflanzenöl
- Salz, schwarzer Pfeffer
- 200 g gekochter Basmatireis
- ¼ TL gemahlener Kurkuma
- 1 TL Sambal Oelek
- 1 Ei (Größe M)

1. Das Hähnchenschnitzel in ½ cm dünne Streifen schneiden. Die Zwiebel sowie die Knoblauchzehe abziehen und fein würfeln.

2. Die Möhre schälen und fein würfeln. Die Sojabohnensprossen waschen und abtropfen lassen. Die Garnelen mit Zitronensaft beträufeln.

3. Die Chinakohlblätter waschen, trockenschwenken und in ½ cm Streifen schneiden. Den Wok auf dem Herd heiß werden lassen und das Pflanzenöl darin erhitzen.

4. Unter Rühren Zwiebel-, Knoblauch-, Ingwer- und Möhrenwürfel andünsten. Die Fleischstreifen darin von allen Seiten anbraten und alles mit Salz und Pfeffer würzen.

5. Chinakohlstreifen und Sojabohnensprossen 2 Minuten mitbraten. Den Reis einstreuen und mit Kurkuma und Sambal Oelek würzen.

6. Die Garnelen unterheben und mit dem Holzspatel in der Wokmitte eine Vertiefung bis zum Boden formen. Das Ei kurz verquirlen und eingießen. Alles gut vermengen, eventuell nochmals abschmecken und servieren.

Zubereitungszeit:
Ca. 20 Minuten

Serviertipp
Verschiedene Sambals mit milden bis feurigen Schärfegraden an den Tisch stellen. Zusätzlich Chinakohlsalat und frittiertes Krabbenbrot (Krupuk) dazu genießen.

Variante
Sollten Sie keinen gekochten Reis im Kühlschrank haben oder mehr als 20 Minuten Zeit, dann 100 Gramm rohen Reis mit den Gemüsen andünsten, mit 200 Milliliter Gemüse- oder Fleischbrühe aufgießen und etwa 15 Minuten ziehen lassen. Die Zutaten, wie oben beschrieben, unter den Reis heben.

Tipp

»Sambal« bedeutet im Indonesischen, dass irgendetwas mit sehr viel Chili angebraten worden ist. Es geht hauptsächlich um kräftige Würzpasten, aber auch um Hauptgerichte, die dann mit Sambal ... anfangen. Fertige Würzpasten, die es zu kaufen gibt sind z.B. Sambal Oelek (scharf), Sambal Manis (süßlich) und Sambal Badjak (angereichert mit Garnelen).

Chinakohl in Kokossauce

Für 2 Portionen

- 500 g Chinakohl
- ½ frische Chilischote
- etwa 1 cm frische Ingwerwurzel
- 2 Knoblauchzehen
- 100 g Kokosnusspaste
- 250 ml warme Gemüsebrühe
- 4 EL Erdnussöl
- 1 TL Zucker
- 2–3 EL Sojasauce
- Salz, schwarzer Pfeffer

Nach Belieben
- gehacktes Koriandergrün oder Petersilie

1. Den Chinakohl in einzelne Blätter teilen, waschen und quer in ½ Streifen schneiden. Die Chilischote säubern, entkernen und fein würfeln.

2. Den Ingwer schälen, die Knoblauchzehen abziehen und beides fein würfeln. Die Kokosnusspaste mit einem Messer in die Brühe schaben.

3. Den Wok auf dem Herd heiß werden lassen und das Erdnussöl darin erhitzen. Unter Rühren Knoblauch, Ingwer und Chili andünsten.

4. Die Chinakohlstreifen hinzufügen und 2 Minuten braten. Den Wokinhalt mit Zucker, Sojasauce, Salz und Pfeffer würzen.

5. Die Kokosnussbrühe zugießen, einmal aufkochen und den Chinakohl sofort servieren. Nach Belieben mit Koriandergrün oder Petersilie garnieren.

Zubereitungszeit:
ca. 20 Minuten

Serviertipp
Den Chinakohl in Kokossauce auf Duft- oder Basmatireis servieren.

Variante
Anstatt Chinakohl Weißkohl oder beides gemischt verwenden. Zusätzlich mit gerösteten Mandeln oder Walnüssen servieren.

Tipp
Ich verwende immer gerne Kokosnusspaste, da diese sehr lange haltbar ist und als Vorrat im Kühlschrank gelagert werden kann. Natürlich haben Sie die Möglichkeit Kokosnusssahne aus der Dose zu verwenden.

Originell

Auberginen mit Olivenspaghetti

Für 2 Portionen

- 1 kleine Aubergine
- Salz
- 2 Knoblauchzehen
- 1 kleine Zwiebel
- 100 g grüne und schwarze, entkernte Oliven
- 4 EL Pflanzenöl
- schwarzer Pfeffer
- 200 g Pizzatomaten (Tetra Pak)
- 1 TL italienische, getrocknete Kräuter
- 250 g gekochte Spaghetti

Außerdem

- 50 g Mascarpone mit frischem Basilikum vermischt

1. Die Aubergine waschen, Stielenden abschneiden und in ½ cm kleine Würfel schneiden. Für 10 Minuten in eine Schüssel mit kaltem Salzwasser legen.

2. In der Zwischenzeit die Knoblauchzehen und die Zwiebel abziehen und fein würfeln. Die Oliven vierteln. Die Auberginenstücke in ein Sieb gießen und mit Küchenpapier trockentupfen.

3. Den Wok auf dem Herd heiß werden lassen und das Pflanzenöl darin erhitzen. Die Auberginenwürfel von allen Seiten braten und mit Salz und Pfeffer würzen.

4. Tomaten, Oliven sowie die Kräuter hinzufügen. Die Spaghetti nur zum Erhitzen unterheben. Nochmals abschmecken und auf Teller verteilen. Mit je 1 Löffel Mascarpone belegen.

Zubereitungszeit: ca. 20 Minuten

Serviertipp
Frisch gehobelten Parmesan und bunte Blattsalate dazu genießen. Am besten mit einer Flasche Chianti.

Variante
Den Wokinhalt mit einer Mischung aus 100 Gramm Sahne und 50 Gramm gehobelten Käse überziehen und im Ofen überbacken.

Tipp

Manchmal sind die verschiedensten Nudelreste im Kühlschrank zu finden. Ein Schüsselchen Penne, vom Wochenende ein paar Spaghetti und vom Vortag ein paar Bandnudeln. Wenn Sie nicht gerade Gäste haben, warum soll man keine »Nudelparty« im Wok veranstalten?

Spaghetti mal ganz anders und unglaublich lecker.

Vegetarisch

Glasnudeln mit Erdnusscreme

Für 2 Portionen

- 50 g ungesalzene Erdnüsse
- 100 g Glasnudeln
- 1 Lauchstange
- 100 g gemischte Sprossen (Mungobohnen, Soja-bohnensprossen etc.)
- 3 EL Erdnussöl
- 2 EL Erdnusscreme
- 100 g Sahne
- Salz, schwarzer Pfeffer
- 2 EL Sojasauce
- 2 EL Chilisauce

1. Die Erdnüsse in ein Küchentuch wickeln und mit dem Fleischklopfer zerkleinern. Im heißen Wok unter Schwenken rösten, bis sie duften; auf einen Teller legen.

2. Die Glasnudeln in eine Schüssel legen und mit kochend heißem Wasser begießen. Etwa 3 Minuten stehen lassen und in ein Sieb gießen.

3. Die Lauchstange längs halbieren, zwischen den Blatt-schichten waschen und quer in feine Streifen schneiden. Die Sprossen waschen und in einem Sieb abtropfen lassen.

4. Den Wok heiß werden lassen und das Erdnussöl darin erhitzen. Unter Rühren die Lauchstreifen andünsten. Mit Erdnusscreme und Sahne verrühren.

5. Die Sprossen und die Glasnudeln unterheben. Mit Salz, Pfeffer, Sojasauce und Chili-sauce würzen. Die Erdnüsse einrühren und das Ganze sofort servieren.

Zubereitungszeit:
ca. 20 Minuten

Serviertipp
Die Glasnudeln mit einer Wildreismischung oder Vollkornreis genießen.

Variante
Die Sahne durch Gemüse-brühe ersetzen, so haben sie einige Kalorien gespart und zudem wird es ein reines Veganergericht.

Tipp

Bei der Wahl der Erdnüsse haben Sie verschiedene Möglichkeiten: Entweder Erd-nüsse mit Schale, gängig aus dem Supermarkt oder bereits geschälte Erdnüsse aus dem Asienladen. Wichtig ist dabei nur, dass sie nicht gesalzen sind. Der Geschmack wäre zu intensiv beim Kochen.

Länderspezifisch

Pilzreis mit Sesam

Für 2 Portionen

- 2 EL geschälte Sesamsamen
- 1 Zwiebel
- 100 g frische Champignons
- 3 EL Pflanzenöl
- 150 g Langkornreis
- Salz, Pfeffer
- 300 ml Gemüsebrühe
- 150 g Entrecôte
- 1 EL Sojasauce
- 1 EL dunkles Sesamöl

1. Den Wok heiß werden lassen und darin den Sesam unter Schwenken 1 Minute rösten; auf einen Teller geben. Die Zwiebel abziehen und fein würfeln.

2. Die Champignons putzen und je nach Größe halbieren oder vierteln. Den Wok heiß werden lassen und das Pflanzenöl darin erhitzen.

3. Unter Rühren die Zwiebelwürfel und Champignons andünsten. Den Reis einstreuen und mit Salz und Pfeffer nach Geschmack würzen.

4. Den Wokinhalt mit Brühe angießen, aufkochen und bei mittlerer Hitze etwa 12 Minuten garen. Während der Garzeit das Entrecôte in hauchdünne Streifen schneiden.

5. Kurz vor Ende der Garzeit die Rindfleischstreifen und den Sesam unterrühren. Mit Sojasauce und Sesamöl würzen.

Zubereitungszeit:
Ca. 20 Minuten

Serviertipp

Dipsaucen, wie Erdnuss-Chili-, Pflaumen- oder Austernsauce dazu reichen.

Variante

Gekochten Reis vom Vortag mit den oben genannten Zutaten im Wok braten. Zusätzlich frischen Ingwer, Frühlingszwiebeln und Cashews unterheben.

Tipp

Einfach die doppelte Menge zubereiten und den Rest für einen Salat verwenden. Den Reissalat mit gemahlenem Curry und Kreuzkümmel würzen und Bananen, Mandarinen und Apfelspalten unterheben.

Vegetarisch

Gemüsenudeln mit Honigsauce

Für 2 Portionen

- 150 g chinesische Weizenmehlnudeln
- 1 Möhre
- 4 Frühlingszwiebeln
- 1 rote Paprikaschote
- 2 EL Pflanzenöl
- Salz, schwarzer Pfeffer
- 3 EL Sojasauce
- 1 EL Honig
- 1 EL Sonnenblumenkerne

1. Die Nudeln in reichlich kochendem Wasser 4 Minuten kochen. In der Zwischenzeit die Möhre schälen, längs vierteln und quer in dünne Scheiben schneiden.

2. Die Nudeln in ein Sieb gießen und abtropfen lassen. Die Frühlingszwiebeln putzen und in dünne Scheiben schneiden. Die Paprikaschote waschen, entkernen und in ½ cm Würfel schneiden.

3. Den Wok auf dem Herd heiß werden lassen und das Pflanzenöl darin erhitzen. Unter Rühren Frühlingszwiebeln, Möhren und Paprikawürfel darin braten. Mit Salz und Pfeffer würzen.

4. Die Sojasauce mit Honig verrühren und über das Gemüse träufeln. Die Nudeln unterheben und nur kurz erhitzen. Alles nochmals abschmecken und die Sonnenblumenkerne unterheben.

Zubereitungszeit:
Ca. 20 Minuten

Serviertipp

Rucola klein schneiden und üppig über die Honignudeln streuen. Einen fruchtigen, gut gekühlten Chardonnay dazu servieren.

Variante

Wer es fleischiger mag, sollte mit den Gemüsen 100 Gramm Rinderhackfleisch mitbraten. Wer es »kräutiger« bevorzugt, einfach quer über die Fensterbank die Kräuter abschneiden und kurz vor dem Servieren unterheben.

Tipp

Zum Süßen der Nudeln haben Sie verschiedene Möglichkeiten. Asiatisch wird es mit Palmzucker, den Sie vom Stück abschaben (Menge nach Gusto). Karibisch wird es mit braunem Rohrzucker, den Sie einfach über das Gemüse streuen und karamellisieren lassen. Vegetarier nehmen zum Süßen gerne Apfel- oder Birnendicksaft. Einfach, anstatt des Honigs, die Sojasauce mit den Obstsäften verrühren.

*Ein Gericht, bei dem nicht nur
Pu der Bär schwach wird!*

Vegetarisch

Weißkohl mit Wasserkastanien

Für 2 Portionen

- 400 g Weißkohl
- 100 g Wasserkastanien (Dose)
- ½ Bund Petersilie
- 2 EL Pflanzenöl
- 1 EL scharfe Chilisauce
- Salz, schwarzer Pfeffer
- 1 TL Korianderkörner
- 250 g Sojacreme (Tetra Pak)

1. Den Weißkohl in dünne Streifen hobeln. Unter fließend kaltem Wasser waschen und in einem Sieb abtropfen lassen.

2. Die Wasserkastanien abtropfen lassen und in Scheibchen schneiden. Die Petersilie waschen, trocken schwenken und fein hacken.

3. Den Wok auf dem Herd heiß werden lassen und das Pflanzenöl darin erhitzen. Unter Rühren Weißkohl und Wasserkastanien braten. Den Wokinhalt mit Chilisauce, Salz, Pfeffer und Korianderkörner würzen.

4. Die Sojacreme zugießen und nach dem ersten Aufkochen den Wok vom Herd ziehen. Nochmals abschmecken und die Petersilie unterrühren.

Zubereitungszeit:
Ca. 20 Minuten

Serviertipp
Dazu passen alle asiatischen Nudeln oder Reis in jeglicher Form.

Variante
Dem Weißkohl mit Wasserkastanien Ihre persönliche Gewürznote verpassen: Mit Garam Masala, Fünf-Gewürze-Pulver, einem Sambal oder mit einer thailändischen Currypaste würzen.

Tipp

Garam Masala auf die Schnelle selbst herstellen: ½ Teelöffel gemahlene Muskatnuss und Nelken mit je 1 Esslöffel Koriandersamen und Kreuzkümmelsamen, je 1 Teelöffel gemahlenem schwarzen Pfeffer und gemahlenem Zimt vermischen. Luftdicht in einem Glas verschließen und für Ihre Wokkreationen verwenden.

Nudeln mit Gemüse

Länderspezifisch

Für 2 Portionen

- 4 getrocknete chinesische Pilze
- 2 Bündel chinesische Eiernudeln (etwa 100 g)
- 8 Maiskölbchen (Dose oder Glas)
- 100 g Bambusschösslinge (Dose)
- 2 Knoblauchzehen
- 100 g Sojabohnensprossen (Glas)
- 2 EL Pflanzenöl
- 1 TL Zucker
- 2 EL Sojasauce
- Salz, Pfeffer

1. Die Pilze sowie die Eiernudeln separat mit heißem Wasser begießen und etwa 10 Minuten einweichen.

2. Die Maiskölbchen quer halbieren. Die Bambusschösslinge in Scheibchen schneiden. Die Knoblauchzehen abziehen und fein würfeln.

3. Die Sojabohnensprossen in einem Sieb abtropfen lassen. Die Pilze ausdrücken und etwas kleiner schneiden; vom Pilzsaft 100 Milliliter zurückbehalten.

4. Die Nudeln aus dem Einweichwasser nehmen und in kochendes Wasser legen. Etwa 4 Minuten kochen lassen und in ein Sieb gießen.

5. Den Wok heiß werden lassen und das Pflanzenöl darin erhitzen. Unter Rühren Knoblauch, Bambusscheibchen und Sojabohnensprossen andünsten.

6. Den Wokinhalt mit Zucker, Sojasauce, Salz und Pfeffer würzen. Mit Pilzsaft ablöschen und die Maiskölbchen hinzufügen. Die Nudeln untermengen, nochmals abschmecken und sofort servieren.

Zubereitungszeit:
Ca. 20 Minuten

Serviertipp
Als Vorspeise Frühlingsröllchen mit Dipsaucen und zum Dessert frische Lychees mit Walnusseis genießen.

Variante
Die Gemüse bekommen Sie alle frisch im Asienladen – und wenn Sie schon drin sind – Hoisinsauce und Wasserkastanien (Dose) zum variieren mitnehmen.

Tipp

Die Hoisin-Sauce ist eine würzige, süße, dickflüssige, bräunliche Sauce aus Sojabohnen, Knoblauch und Gewürzen. Angebrochen, aber luftdicht abgeschlossen im Kühlschrank hält sie ewig. Immer zu empfehlen zum Würzen im Wok oder zum Dippen für jegliche chinesische (asiatische) Köstlichkeit.

43

Originell

Gebackene Reisbällchen

Für 2 Vorspeisenportionen

- 2 Knoblauchzehen
- 1 TL gemischte Kräuter (TK-Ware)
- 200 g gemischtes Hackfleisch
- 100 g gekochten Reis
- 1 Ei (Größe S)
- 1 TL Reismehl (ersatzweise Mehl)
- Salz, schwarzer Pfeffer
- 1 TL Sojasauce

Zum Ausbacken
- 500 ml Pflanzenöl

Außerdem
- Verschiedene Dipsaucen (Fertigprodukt)

1. Die Knoblauchzehen durch eine Knoblauchpresse drücken und zusammen mit den Kräutern zum Hackfleisch geben.

2. Den Reis, das Ei sowie das Reismehl unter das Hackfleisch kneten. Mit Salz, Pfeffer und Sojasauce würzen.

3. Das Pflanzenöl im Wok auf 180 °C bis zum Siedepunkt erhitzen. In der Zwischenzeit mit angefeuchteten Händen aus der Reismasse 18 bis 20 Bällchen formen.

4. Die Bällchen portionsweise in das Fett gleiten lassen und goldbraun frittieren. Mit einem Schaumlöffel herausnehmen und auf Küchenpapier entfetten.

Zubereitungszeit: Ca. 20 Minuten

Serviertipp
Auf zwei großen Tellern gemischten Salat zu Nestern anrichten und die Reisbällchen darauf verteilen.
Zum Dippen Sojasauce, Austernsauce oder eine chinesische Pflaumensauce bereitstellen.

Variante
Die Reisbällchen mit gemahlenem Curry und Kreuzkümmel würzen. Zusätzlich frisch gehacktes Koriandergrün und einen Esslöffel thailändische Fischsauce beigemengen.

Tipp

Zum Frittieren der Reisbällchen ist nur die Mindestmenge an Pflanzenöl angegeben. Besser wäre, 1 Liter Pflanzenöl zu verwenden, damit die Bällchen schwimmend und mit genügend Platz frittiert werden können. Anschließend das Fett in ein Behältnis umfüllen, erstarren lassen und in den Kühlschrank stellen. Innerhalb einer Woche entweder für Kroketten, Pommes frites oder Krapfen verwenden.

Reisbällchen, die nicht nur als Vorspeise schmecken.

Kokosreis mit Möhren

Für 2 Portionen

- 1 kleine Zwiebel
- 2 Möhren
- 100 g Maiskölbchen (aus dem Glas)
- 3 EL Pflanzenöl
- 1 TL Zucker
- Salz, schwarzer Pfeffer
- 250 g gekochter Reis
- ½ TL gemahlener, milder Curry
- 150 ml Kokosnussmilch (aus der Dose)
- 1 EL Mandelblättchen

Für die Garnitur
- einige frische Petersilienblättchen

1. Die Zwiebel abziehen und fein würfeln. Die Möhren schälen, der Länge nach in dünne Scheiben und quer anschließend in feine Streifen schneiden.

2. Die Maiskölbchen nach Belieben quer halbieren. Den Wok auf dem Herd heiß werden lassen und das Pflanzenöl darin erhitzen.

3. Zwiebelwürfel, Maiskölbchen und Möhrenstreifen unter Rühren etwa 3 Minuten andünsten. Mit Zucker bestreuen und mit Salz und Pfeffer würzen.

4. Den Reis einstreuen und alles etwa 5 Minuten braten. Mit Curry bestäuben und die Kokosnussmilch am Wokrand eingießen.

5. Den Kokosnussreis weitere 3 Minuten rühren und die Mandelblättchen unterheben. Nochmals abschmecken, auf zwei vorgewärmte Teller verteilen und mit Petersilienblättchen garnieren.

Zubereitungszeit: 20 Minuten

Serviertipp
Dazu passt ofenfrisches Fladenbrot mit Schafskäseaufstrich. Als Vorspeise Feldsalat mit Walnüssen genießen.

Variante
»Nussfans« können zusammen mit den Möhrenstreifen gehackte Erdnüsse mitbraten. Oder als Garnitur gerösteten Sesamsamen, Mandelstifte oder Walnüsse darüber streuen.

Tipp

Sollten Sie Lust auf dieses Rezept bekommen und »nur« ungesüßte Kokosraspeln zur Hand haben, – kein Problem: 50 Gramm Kokosraspeln mit 100 Milliliter kochendem Wasser oder Brühe begießen. Etwa 5 Minuten stehen lassen und zum Aufgießen, wie im obigen Rezept beschrieben, verwenden.

Vegetarisch

Grüner Spargelreis

Für 2 Portionen

- 250 g grüner Spargel
- 1 Zwiebel
- 50 g Mandelblättchen
- 4 EL Rapsöl
  (oder anderes Pflanzenöl)
- 1 Stück Knoblauchbutter
  (25 g)
- 250 g gekochter Duftreis
- Salz, schwarzer Pfeffer

Für die Garnitur
- 2 EL in Streifen
  geschnittenes Basilikum

1. Den Spargel nicht schälen, gründlich waschen und auf einem Küchentuch abtropfen lassen. Die Enden entfernen und quer in 2 cm Stücke schneiden.

2. Die Zwiebel abziehen und fein würfeln. Den Wok auf dem Herd heiß werden lassen und die Mandelblättchen unter Schwenken 1 Minute rösten. Auf einen Teller legen.

3. Den Wok mit Küchenpapier auswischen und das Pflanzenöl darin erhitzen. Die Zwiebelwürfel unter Rühren andünsten. Die Spargelstücke hinzufügen und 5 Minuten braten.

4. Die Kräuterbutter im Wok schmelzen lassen und den Reis dazu rühren. Mit Salz und Pfeffer würzen. Sobald der Reis heiß ist, Mandelblättchen und Basilikum unterheben. Sofort servieren.

Zubereitungszeit:
Ca. 20 Minuten

Serviertipp
150 Gramm Sahnejoghurt mit Zitronensaft, gemahlenem Curry, Salz und Pfeffer verrühren. Teelöffelweise über das fertige Gericht träufeln.

Variante
Mit weißem Spargel schmeckt dieses Gericht auch sehr gut. Vorher muss der Spargel jedoch 15 Minuten weich gegart worden sein. Zusätzlich Krabben, ausgelöstes Krebsfleisch oder Lachs unter das Gericht geben.

Tipp
Der Wok wartet nur darauf Ihren saisonalen Einkauf schnell und daher vitaminschonend zu braten. Frischen grünen Spargel erhalten Sie kurz nach der eingeläuteten weißen Spargelsaison. Der weiße Spargel wird gestochen, wenn er nur leicht aus der Erdoberfläche herausspitzt. Grüner Spargel ist im Prinzip ausgewachsener weißer Spargel, der über der Erdoberfläche gedeiht.

Preiswert

Zitronennudeln mit Putenstreifen

Für 2 Portionen

- 200 g Spaghettini
- Salz
- 200 g Gemüse bestehend aus Möhre, Knollensellerie und Lauch
- 100 g Putenschnitzel
- 4 EL Pflanzenöl
- Salz, schwarzer Pfeffer
- 100 g Sahne
- Saft und abgeriebene Schale von ½ ungespritzen Zitrone

Für die Garnitur
- 1 Kästchen Kresse

1. Die Spaghettini in reichlich Salzwasser al dente kochen. In der Zwischenzeit die Möhre und Knollensellerie schälen. Den Lauch waschen und alles in feinste Streifen schneiden.

2. Das Putenschnitzel in dünne Streifen schneiden. Den Wok auf dem Herd heiß werden lassen und die Hälfte des Pflanzenöls darin erhitzen.

3. Die Putenstreifen von allen Seiten braten; auf einen Teller legen und mit Salz und Pfeffer würzen. Die Nudeln in ein Sieb gießen und abtropfen lassen.

4. Das verbliebene Pflanzenöl im Wok erhitzen und die Gemüsestreifen darin braten. Mit Salz und Pfeffer würzen und mit Sahne aufgießen.

5. Zitronenschale und -saft in den Wok geben und verrühren. Spaghettini und Putenstreifen unterheben. Nochmals abschmecken und auf zwei vorgewärmte Teller verteilen. Mit Kresse garnieren.

Zubereitungszeit: ca. 20 Minuten

Serviertipp
Dazu schmeckt ein bunt gemischter Salat. Als Getränk empfiehlt sich ein gut gekühlter Prosecco.

Variante
Die Zitronennudeln ohne Putenstreifen, dafür mit zusätzlichen Zucchini- oder Fenchelstreifen genießen.

Tipp

Frische Zitronen hat man nicht immer zu Hause, aber ein Fläschchen Zitronensaft sollte vorrätig sein. Bei dem angegebenen Gemüse einfach einen Suppenbund kaufen. Dieser besteht meistens aus einer zusätzlichen Petersilienwurzel und Petersilie. Alles klein schneiden und ab in den Wok.

Ein preiswertes Gericht, das auch vegetarisch zubereitet werden kann.

Vegetarisch

Tempura-Wok

Für 2 Portionen

- 1 kleine Zucchini
- 1 Möhre
- 250 g Brokkoliröschen
- Salz, schwarzer Pfeffer
- 50 g Speisestärke
- 1 Ei (Größe L)
- 100 g Mehl

Zum Backen
- 500 ml Pflanzenöl

Zum Dippen
- japanische Sojasauce

1. Die Zucchini waschen, Stielenden entfernen und in ½ cm dicke Scheiben schneiden. Die Möhre schälen und passend zur Zucchini schneiden.

2. Die Brokkoliröschen waschen und abtropfen lassen. Das vorbereitete Gemüse leicht salzen und pfeffern und mit Speisestärke bestreuen.

3. Das Ei mit 150 Milliliter sehr kaltem Wasser verquirlen. Das Mehl nach und nach unterschlagen und einen dünnflüssigen Teig herstellen.

4. Das Pflanzenöl im Wok heiß siedend erhitzen. Die Gemüsestücke einzeln durch den Teig ziehen und portionsweise im heißen Öl in 3 bis 5 Minuten knusprig ausbacken.

5. Das Gemüse auf Küchenpapier entfetten. Auf zwei Tellern anrichten und mit Sojasauce servieren.

Zubereitungszeit:
30 Minuten

Serviertipp
Dazu passt ein Salat aus hauchdünn geschnittenem Weißkohl mit gerösteten Erdnüssen und einem Dressing aus Reiswein, Sojasauce, Salz und Pfeffer.

Variante
Für eine Stehparty ist eine frische Tempura eine tolle Idee. Eine Art japanisches Fingerfood das man gut mit Garnelen, Fisch, Fleisch, Tofu und Gemüsen variieren kann.

Tipp

Das Pflanzenöl aus dem Wok in einen Topf füllen, abkühlen lassen und in den Kühlschrank stellen. Innerhalb von einer Woche verwenden. Z.B. portionsweise Fett entnehmen zum Braten oder das gesamte Fett für weitere Frittiervorgänge verwenden.

Raffiniert

Roter Reis mit Ente

Für 2 Portionen

- 100 g Entenbrustfilet
- 5 Frühlingszwiebeln
- 1 frische Chilischote
- 4 EL Pflanzenöl
- Salz, schwarzer Pfeffer
- 1 EL Sojasauce
- 300 g gekochter Reis
- 1 TL Tomatenmark

Außerdem
- 1 EL gehacktes Koriandergrün

1. Das Entenbrustfilet in hauchdünne Streifen schneiden. Die Frühlingszwiebeln putzen und fein würfeln.

2. Die Chilischote säubern, entkernen und fein würfeln. Den Wok auf dem Herd heiß werden lassen und 2 Esslöffel Pflanzenöl darin erhitzen.

3. Die Fleischstreifen von allen Seiten scharf anbraten. Herausnehmen und auf einen Teller legen. Mit Salz, Pfeffer und Sojasauce würzen.

4. Das restliche Pflanzenöl in den Wok gießen. Frühlingszwiebeln und Chili unter Rühren 2 Minuten braten.

5. Den Reis hinzufügen, salzen und pfeffern und mit Tomatenmark durchbraten. Fleischstreifen und Koriandergrün unterheben. Sofort servieren.

Zubereitungszeit: ca. 20 Minuten

Serviertipp
Dazu passen gebratene Tomatenstreifen und zum Trinken gut gekühlter Sancerre.

Variante
Anstatt Entenfleisch können Sie jede andere Fleischsorte verwenden.

Tipp
Beim Schneiden der frischen Chilischote am besten mit Gummihandschuhen arbeiten. Das scharfe Capsaicin ist überwiegend im Fruchtsaft enthalten und geht von den Händen auch beim Waschen schlecht ab. Alternative wäre eine getrocknete Chilischote. Jedoch ist hier die Schärfe konzentriert, also lediglich ein Drittel der Schote verwenden.

Länderspezifisch

Gebackene Wan Tan mit Thai-Dip

Für 2 Portionen

- 1 Knoblauchzehe
- 2 Frühlingszwiebeln
- 100 g geschälte Garnelen
- 100 g Schweinehackfleisch
- 1 TL thailändische Fischsauce
- 1 Prise Zucker
- Salz, schwarzer Pfeffer
- 1 EL Sojasauce
- 10 Wan-Tan-Blätter (TK-Ware, pro Blatt etwa 8x10 cm)
- 1 TL Mehl

Zum Backen
- 250 ml Pflanzenöl

Für den Dip
- 1 frische, rote Chilischote
- 1 Knoblauchzehe
- 1 EL Zucker
- Salz
- 3 EL Reisweinessig

Traditionelles aus der thailändischen Küche.

1. Die Knoblauchzehe abziehen und fein würfeln. Die Frühlingszwiebeln putzen und fein würfeln. Die Garnelen fein hacken.

2. Knoblauch, Frühlingszwiebeln und Garnelen mit dem Schweinehackfleisch verkneten. Mit Fischsauce, Zucker, Salz, Pfeffer und Sojasauce würzen.

3. Die Wan-Tan Blätter auf einer Arbeitsfläche auslegen. Die Füllung in Längsstreifen darauf verteilen, zwei Seiten einschlagen und fest aufrollen.

4. Das Mehl mit etwa 3 Esslöffeln Wasser klumpenfrei verrühren. Die Schlusskanten der Wan-Tan-Blätter damit bestreichen und die Rollen schließen.

5. Für den Dip die Chilischote säubern, entkernen und fein würfeln. Die Knoblauchzehe abziehen und fein würfeln.

6. Den Zucker mit 1 Prise Salz, Reisweinessig und 2 Esslöffeln Wasser verrühren. Knoblauch und Chili unterrühren.

7. Das Pflanzenöl im Wok bis zum Siedepunkt erhitzen. Die Wan-Tan-Rollen portionsweise einlegen und von allen Seiten in 3 bis 5 Minuten goldbraun und knusprig backen.

8. Die Rollen auf Küchenpapier legen und entfetten. Mit dem Dip servieren.

Zubereitungszeit:
30 Minuten

Serviertipp
Die Wan-Tan-Rollen auf bunt gemischten Salattellern anrichten. Als Getränk Prosecco mit »eingetauchten Lychees« servieren.

Variante
Als Füllung eignet sich alles, worauf Sie Appetit haben. So z. B. Gemüsereste, Sojabohnensprossen aus dem Glas, klein geschnittenes Fischfilet oder gekochter Reis.

Tipp

In Thailand wird der Essig-Knoblauch-Dip obligatorisch zum Essen serviert. Nam som kratiem heißt er auf thailändisch, falls Sie ihn auf einer Thai-Karte lesen sollten.

Artischocken in Mandelrahm

Raffiniert

Für 2 Portionen

- Etwa 400 g Artischockenherzen (Glas, im Aufguss naturell)
- 50 g gemahlene Mandeln
- 2 Knoblauchzehen
- ¼ frische Chilischote
- ½ Lauchstange
- 4 EL Olivenöl
- 100 g Sahne
- Salz, schwarzer Pfeffer

Außerdem

- 1 EL frisch gehackte Petersilie

1. Die Artischockenherzen vierteln, den Sud mit den gemahlenen Mandeln verrühren.

2. Die Knoblauchzehen durch eine Knoblauchpresse in die Mandelsauce drücken. Die Chilischote säubern, entkernen und fein würfeln.

3. Die Lauchstange längs halbieren, zwischen den Blattschichten waschen und quer in feine Streifen schneiden.

4. Den Wok auf dem Herd heiß werden lassen und das Pflanzenöl darin erhitzen. Die Lauchstreifen und die Chiliwürfel unter ständigem Rühren andünsten.

5. Die Mandelsauce zugießen und nicht kochen lassen. Artischocken einlegen und mit Sahne verrühren. Mit Salz und Pfeffer würzen.

6. Das Gemüse einige Minuten ziehen lassen, nochmals abschmecken und die Petersilie unterrühren.

Zubereitungszeit:
ca. 20 Minuten

Serviertipp

Die Artischocken im Mandelrahm auf Bandnudeln oder Safranreis servieren.

Variante

Das selbe Rezept mit Artischockenböden aus dem Glas zubereiten. Sollten Sie keine Mandeln mögen, können Sie zusätzlich zum Lauch Möhren- und Zucchiniwürfel mit andünsten. Mit etwas Weißwein ablöschen und mit Sahne aufgießen.

Tipp

Von frischen Artischocken den Stiel abschneiden und diese in Salzwasser mit Zitronensaft etwa 30 Minuten bei geringer Hitze garen. Die Blätter abzupfen, in die Sauce hollandàise tunken und das Fruchtfleisch mit den Zähnen aus den Blättern ziehen. Sobald die ganzen Blätter abgezupft sind, das Heu entfernen und die Artischockenböden ausschneiden. Diese entweder sofort essen oder anderntags für das obige Rezept verwenden.

Raffiniert

Gebratener Pilzreis

Für 2 Portionen

- 250 g gemischte Pilze (Champignons, Austernpilze)
- 1 kleine Zwiebel
- 2 Knoblauchzehen
- 50 g Speckwürfel (fertig aus der Kühltheke)
- 1 EL Pflanzenöl
- Salz, schwarzer Pfeffer
- 50 ml trockener Weißwein
- 250 g gekochter Reis
- Je 1 Msp. gemahlener, rosenscharfer und edelsüßer Paprika
- 1 TL gemischte Kräuter (TK-Ware)
- 50 g Pinienkerne

1. Die Pilze putzen und klein schneiden: Die Champignons je nach Größe halbieren oder vierteln. Die Austernpilze in Streifen schneiden.

2. Die Zwiebel und die Knoblauchzehen abziehen und fein würfeln. Den Wok auf dem Herd heiß werden lassen und die Speckwürfel darin auslassen.

3. Das Pflanzenöl zugießen und Knoblauch- und Zwiebelwürfel andünsten. Die Pilze hinzufügen und unter ständigem Rühren ca. 5 Minuten braten.

4. Die Pilze mit Salz und Pfeffer würzen und mit Weißwein beträufeln. Sobald der Wein verdunstet ist, den Reis hinzufügen.

3. Den Wokinhalt mit Salz, Pfeffer und gemahlenem Paprika würzen. Kurz vor dem Servieren Kräuter und Pinienkerne unterheben.

Zubereitungszeit:
Ca. 20 Minuten

Serviertipp
Eine große, vitaminreiche Salatschüssel mit Feldsalat, Radieschen, Paprika, Radicchio, Tomaten und Gurken dazu genießen.

Variante
Vegetarier brauchen einfach nur die Speckwürfel weglassen. Cremig-sahniger wird das Gericht, wenn Sie zusammen mit dem Reis ein Stück Kräuterbutter (25 Gramm) zugeben und kurz vor dem Servieren ein Gemisch aus 50 Gramm geriebenen Käse und 100 Gramm Sahne unterziehen.

Tipp
Der gebratene Pilzreis wird mit ein paar Gewürzen sofort exotisch. Dazu eine indische Gewürzmischung, eine Masala, herstellen. Zu gleichen Anteilen gemahlene Gewürze wie Gewürznelken, Kreuzkümmel, Kurkuma, Ingwer, Muskatnuss, Kardamom und Koriander miteinander versieben. Einen halben Teelöffel davon unter die Pilzpfanne mischen.

Fleisch, Fisch und Meeresfrüchte

Haben Sie Gelüste auf ein bisschen Fleisch oder
Fisch, kombiniert mit Gemüsen, Reis oder Nudeln?
Oder haben Sie puren Appetit auf eine Fleisch- oder
Fischpfanne und machen sich dazu einen Salat?
Egal wie Ihre Vorlieben oder Ihr Heißhunger aussehen
mögen, wir haben alles berücksichtigt. Mild oder
scharf gewürzt, ohne oder mit viel Sauce.

Raffiniert

Safranreis mit Lachs und Erbsen

Für 2 Portionen

- 250 g Lachsfilet ohne Haut
- Salz, schwarzer Pfeffer
- Saft von ½ Zitrone
- 1 TL gehackter Dill (TK-Ware)
- 50 g geräucherter Speck
- 2 EL Pflanzenöl
- 150 g Langkornreis
- 1 Döschen gemahlener Safran
- 300 ml Brühe (Instant, Gemüse- oder Fleischbrühe)
- 100 g Erbsen (TK-Ware oder Glas)

1. Das Lachsfilet unter fließend kaltem Wasser waschen und mit Küchenpapier abtupfen. In etwa 1 cm große Würfel schneiden und mit Salz und Pfeffer würzen.

2. Die Lachsstücke mit Zitronensaft beträufeln und mit Dill vermischen. Den Speck sehr klein würfeln.

3. Den Wok auf dem Herd heiß werden lassen und die Speckwürfel einstreuen. Pflanzenöl zugießen und den Reis darin andünsten. Mit Salz, Pfeffer und Safran nach Geschmack würzen.

4. Den Wokinhalt mit Brühe aufgießen. Nach dem ersten Aufkochen den Reis bei kleiner Hitze etwa 15 Minuten garen.

5. Den Lachs und die Erbsen in den letzten 5 Minuten Garzeit vorsichtig unterheben. Nochmals abschmecken.

Zubereitungszeit: ca. 20 Minuten

Serviertipp
Dazu schmeckt Olivenbrot, Rucolasalat und ein gut gekühltes Glas Chardonnay.

Variante
Schlankheitsbewusste können den Speck weglassen. Den Reis mit klein gewürfeltem Knollensellerie, Möhren, Lauch und Zwiebeln andünsten.

Tipp

Fischfilet ist generell so zart und schnell gegart, dass ein zu langes Erhitzen einen Qualitätsverlust darstellen würde. Die Folge wäre Trockenheit. Anstelle des von Lachs andere Fischfilets wie Wolfsbarsch, Zander, Scholle oder Forelle verwenden. Ideal wäre frische Ware, aber bei schneller, spontaner Abendküche genügt morgens meist ein Blick in das Gefrierfach.

Originell

Hotwok mit Reisfleisch

Für 2 Portionen

- 1 kleine Zwiebel
- 2 Knoblauchzehen
- ½ frische Chilischote
- 50 g geräucherter Schinkenspeck
- 3 EL Pflanzenöl
- 150 g Rinderhackfleisch
- 150 g Langkornreis
- Salz, schwarzer Pfeffer
- 50 ml trockener Weißwein
- 300 ml Geflügelbrühe (Instant)

Nach Belieben
- ½ Bund frisch gehackte Petersilie

1. Zwiebel und Knoblauchzehen abziehen und fein würfeln. Die Chilischote säubern, entkernen und fein würfeln. Den Schinkenspeck in kleine Würfel schneiden. Den Wok auf dem Herd heiß werden lassen und das Pflanzenöl eingießen.

2. Unter ständigem Rühren Zwiebel-, Knoblauch- und Chiliwürfel andünsten. Das Hackfleisch sowie den Schinkenspeck hinzufügen und unter Rühren krümelig braten.

3. Den Reis einstreuen und 2 Minuten mitbraten. Den Wokinhalt mit Salz und Pfeffer würzen und mit Weißwein aufgießen.

4. Die Brühe zugießen und nach dem ersten Aufkochen die Hitze zurückdrehen. Den Wok mit einem Deckel verschließen und in ca. 15 Minuten fertig kochen; zwischendurch umrühren.

5. Das Reisfleisch nochmals abschmecken und nach Belieben Petersilie unterheben.

Zubereitungszeit:
ca. 20 Minuten

Serviertipp

Als Vorspeise einen bunt gemischten Salat mit cremigen Thousand Island Dressing servieren und zum Hotwok eine scharfe Paprikapaste Ajwar (gibt es fertig zu kaufen) und eingelegte Zucchinischeiben servieren.

Variante

Gemischtes Hackfleisch oder klein geschnittene Bratenreste mit gewürfelter Cabanossi anstatt Rinderhackfleisch und Schinkenspeck anbraten. Zusätzlich mit rosenscharfem, gemahlenem Rosenpaprika oder gemahlenem Chili (Cayennepfeffer) würzen. Sollten Sie es cremiger mögen, einfach kurz vor dem Servieren 100 Gramm Sahne unterrühren.

Tipp

Doppelte Menge zubereiten, einfrieren und in den nächsten Wochen als Füllung für Frühlingsrollen oder für Pfannkuchenrollen verwenden. Wenn's an der frischen Chilischote scheitern sollte, einfach 2 Tropfen fertiges Chiliöl oder ¼ getrocknete Chilischote verwenden.

Pfiffig

Schnitzelpfanne mit Vogerlsalat

Für 2 Portionen

- 2 dünne Kalbsschnitzel à ca. 120 g
- Salz, schwarzer Pfeffer
- 1 Ei (Größe L)
- 2 EL Milch (oder 10 g Portionsmilch)
- etwas Mehl zum Wenden
- Paniermehl zum Wenden
- 100 g Feldsalat
- 10 EL Pflanzenöl
- 2 EL Balsamico Bianco (ersatzweise anderen weißen Essig)

Außerdem

- 2 Zitronenviertel, nach Belieben milde Chilisauce

1. Die Schnitzel flach klopfen und in 1 cm breite Streifen schneiden. Mit Salz und Pfeffer würzen. Das Ei mit der Milch verquirlen.

2. Die Fleischstreifen in Mehl wenden, durch das Ei ziehen und einzeln in Paniermehl wenden; nicht anklopfen.

3. Den Feldsalat gründlich waschen und in einem Sieb abtropfen lassen. Den Wok auf dem Herd erhitzen und anschließend 8 Esslöffel Pflanzenöl eingießen.

4. Das Pflanzenöl erhitzen, die Schnitzelstreifen einzeln in den Wok legen. Von allen Seiten anbraten und bei geringer Hitze 5 Minuten braten.

5. Das restliche Pflanzenöl, Essig, Salz und Pfeffer verrühren und mit dem Feldsalat vermischen. Auf zwei Tellern als Art »Kranz« anrichten.

6. Die Schnitzelstreifen auf Küchenpapier entfetten und auf den Tellern mittig platzieren. Mit je 1 Zitronenviertel garnieren und nach Belieben ein Schälchen Chilisauce dazu stellen.

Zubereitungszeit:
ca. 20 Minuten

Serviertipp

Dazu passen Pommes frites oder gemischte Kartoffelvarianten wie Plätzchen oder Röllchen aus dem Backofen.

Variante

Wer's würziger mag, kann die Fleischstreifen in einer Marinade aus 2 Esslöffeln Pflanzenöl und 2 Esslöffeln Dijon-Senf oder scharfen Senf für etwa 1 Stunde einlegen. Die mit Marinade überzogenen Fleischstreifen wie gewohnt panieren.

Schnitzel mal ganz anders.

Tipp

Man muss nicht immer mit der klassischen Panade aus Mehl, Eier und Paniermehl arbeiten. Vielmehr kann hier die eigene Fantasie aus den Grundmaterialen viele Varianten zaubern. Das Mehl mit gehackten Kräuter von Petersilie bis Kerbel vermengen. Die Eier mit geriebenem Käse anreichern und das Paniermehl mit Brezenbröseln versieben.

Originell

Gemüse mit Straußenfilet

Für 2 Portionen

- 1 kleine Zucchini
- 100 g Austernpilze
- 200 g Chinakohl
- 200 g Straußenfilet
- Salz, schwarzer Pfeffer
- 2 EL Sesamsamen
- 4 EL Pflanzenöl
- 4 EL Sherry
- 4 EL milde Chilisauce (Fertigprodukt)

Für die Garnitur

- 1 EL dunkles, chinesisches Sesamöl

1. Die Zucchini waschen, Stielenden entfernen, der Länge nach vierteln und in Scheibchen schneiden.

2. Die Austernpilze säubern und in Streifen schneiden. Den Chinakohl in einzelne Blätter teilen, waschen und quer in ½ cm lange Streifen schneiden.

3. Das Straußenfilet in 1 cm breite Streifen schneiden. Mit Salz und Pfeffer würzen und in der halben Sesammenge locker wälzen.

4. Den Wok auf dem Herd heiß werden lassen, 2 Esslöffel Pflanzenöl zugießen und erhitzen. Die Fleischstreifen darin von allen Seiten kräftig anbraten. Herausnehmen und auf einen Teller legen.

5. Das restliche Pflanzenöl im Wok erhitzen und das Gemüse unter Rühren darin braten. Mit Salz und Pfeffer würzen und mit Sherry ablöschen.

6. Die Chilisauce und den restlichen Sesam einrühren und das Ganze nochmals abschmecken. Kurz vor dem Servieren die Fleischstreifen unterheben. Zum Servieren mit Sesamöl beträufeln.

Zubereitungszeit:
ca. 20 Minuten

Serviertipp

Klassisch dazu Reis servieren. Probieren Sie ebenfalls frisches Fladenbrot in Chilisauce getunkt – eine ganz neue Küchenfusion.

Variante

Gemüse der Saison wie Zucchini, Kaiserschoten, Paprikaschoten und Champignons verwenden. Das Straußenfilet bekommen Sie mittlerweile in jedem Supermarkt an der Fleischtheke.

Tipp

Die Asienregale oder Asienecken in Supermärkten sind nicht überall gleich groß und entsprechend bestückt. Bei gutem Sortiment einfach mal auf Vorrat kaufen – von Austernsauce bis zu Sambal Olek.

Landesspezifisch

Schnelles Hühnerfrikassee

Für 2 Portionen

- 200 g Hähnchenschnitzel
- Salz
- 1 Lorbeerblatt
- 100 ml trockener Weißwein
- 200 g frische Champignons
- 1 kleine Zwiebel
- 2 EL Pflanzenöl
- schwarzer Pfeffer
- 100 g Sahne
- 1 TL mittelscharfer Senf
- 1 Eigelb (Größe M)

Außerdem

- 1 EL frisch gehackte Petersilie

1. Die Hähnchenschnitzel in dünne Streifen schneiden. ½ Liter Wasser mit 1 Prise Salz, dem Lorbeerblatt und dem Weißwein aufkochen. Die Hähnchenstreifen einlegen und bei mittlerer Hitze etwa 5 Minuten garen.

2. In der Zwischenzeit die Champignons putzen und je nach Größe halbieren oder vierteln. Die Zwiebel abziehen und fein würfeln.

3. Die Hühnerfleischstreifen in ein Sieb gießen, abtropfen lassen und dabei von dem Sud 150 Milliliter beiseite stellen. Den Wok auf dem Herd heiß werden lassen und das Pflanzenöl darin erhitzen.

4. Die Zwiebelwürfel kurz andünsten und die Champignons einstreuen. Sobald der Pilzsaft aufgesogen ist, die Pilze mit Salz und Pfeffer würzen.

5. Den Wokinhalt mit Sud aufgießen und 5 Minuten einkochen lassen. Kurz vor dem Servieren die Fleischstreifen unterziehen. Nochmals abschmecken.

6. Die Sahne mit dem Senf, dem Eigelb und den Kräutern verquirlen. Unter den Wokinhalt mischen, nicht mehr kochen und sofort servieren.

Zubereitungszeit:
ca. 20 Minuten

Serviertipp

Dazu passen Risi bisi (Reis mit Erbsen) oder Kartoffelbrei.

Variante

Das Hühnerfrikassee mit gemischten Pilzen wie Austernpilze, Egerlinge oder Pfifferlinge variieren. Als Beilage Butterreis und gemischtes Gemüse dazu servieren.

Tipp

Das klassische Hühnerfrikassee wird oder wurde mit einer Mehlschwitze hergestellt. Das Huhn wird mit einem Suppenbund im Ganzen gekocht. Anschließend entbeint, gehäutet und in ½ bis 1 lange cm Stücke geschnitten. Für unsere heutigen Verhältnisse dauert der Herstellungsvorgang viel zu lange. Also ab in den Wok und ein schnelles Hühnerfrikassee genießen.

Riesengarnelen im Sherrysößchen

Für 2 Portionen

- 250 g geschälte Riesen-garnelen (TK-Ware)
- Salz, schwarzer Pfeffer
- 1 TL Zitronensaft
- 1 Zwiebel
- 2 Knoblauchzehen
- 3 EL Pflanzenöl
- 3 EL Sherry
- 200 g geschälte Tomaten mit Saft (Dose)
- ¼ TL getrockneter Thymian
- 50 g Sahne

Außerdem
- 1 EL gehackte Petersilie

1. Die Garnelen am Rücken entlang einschneiden, entdarmen und unter fließend, kaltem Wasser waschen. Mit Küchenpapier trockentupfen, salzen, pfeffern und mit Zitronensaft beträufeln.

2. Die Zwiebel und die Knoblauchzehen abziehen und fein würfeln. Den Wok auf dem Herd heiß werden lassen und das Pflanzenöl darin erhitzen.

3. Zwiebel- und Knoblauchwürfel unter Rühren andünsten. Die Garnelen hinzufügen und 1 Minute von allen Seiten braten.

4. Den Wokinhalt mit Sherry ablöschen. Die Tomaten etwas kleiner schneiden und mit dem Saft einrühren. Mit

Salz, Pfeffer und Thymian würzen.

5. Sahne und Petersilie einrühren. Nochmals abschmecken und sofort servieren.

Zubereitungszeit:
15 Minuten

Serviertipp
Nach spanischer Art Knoblauchbrot zum Tunken und ein Gläschen Fino Sherry oder Sherry Manzanilla dazu genießen.

Variante
Wenn Kinder mitessen, auf Sherry verzichten und mehr Sahne verwenden. Man könnte auch die Tomatensauce vorher zubereiten und die Garnelen darin nur ziehen lassen.

Tipp

Natürlich ist es empfehlenswerter frische Riesengarnelen zu verwenden. In dem Fall Scampis mit Schale kaufen. Die Schalen in Olivenöl mit gewürfeltem Knoblauch und einem Esslöffel Tomatenmark einige Minuten rösten. Mit 5 cl Sherry und 100 Milliliter Weißwein ablöschen. Mit 200 Milliliter Gemüsebrühe oder besser noch Fischbrühe etwa 15 Minuten bei geringer Hitze kochen lassen. Die Brühe durch ein Sieb streichen, nochmals aufkochen und mit Sahne verfeinern. Scheibchen von Riesengarnelen oder Krabben einlegen.

Ein Gericht für Groß und Klein, das auch ohne Sherry zubereitet werden kann.

Originell

Beschwipster Kartoffelwok

Für 2 Portionen

- 500 g Pellkartoffeln vom Vortag
- 50 g gekochter Schinken
- 1 Zwiebel
- 5 EL Pflanzenöl
- 1 TL Kreuzkümmel
- ½ TL Currypulver
- Salz, schwarzer Pfeffer
- 100 g Gemüsemais
- 5 cl Marsala (italienischer Dessertwein)
- 1 EL gemischte Kräuter (TK-Ware)
- Saft von ½ Zitrone
- 200 g saure Sahne

1. Die Kartoffeln schälen und etwa 1 cm große Stücke schneiden. Den Schinken klein würfeln. Die Zwiebel abziehen und fein würfeln.

2. Den Wok heiß werden lassen, das Pflanzenöl eingießen und erhitzen. Den Kreuzkümmel sowie das Currypulver einrühren und 1 Minute rühren. Die Schinken- und Zwiebelwürfel mitdünsten.

3. Die Kartoffelstücke unterheben und mit Salz und Pfeffer würzen. Unter häufigem Rühren ca. 10 Minuten rundherum braten. Zwischendurch mit Marsala beträufeln. Zuletzt den Gemüsemais einrühren.

4. Kräuter und Zitronensaft mit der sauren Sahne verrühren und in zwei Schälchen verteilen. Die Kartoffeln auf zwei vorgewärmte Teller verteilen und mit der sauren Sahne servieren.

Zubereitungszeit: ca. 20 Minuten

Serviertipp

Dazu passen eingelegte Gemüse wie Zucchini oder Auberginen. Als Vorspeise einen leckeren Rucolasalat mit einem Dressing aus Walnussöl, Himbeeressig, Salz und Pfeffer reichen.

Variante

Der Kartoffelwok ist eigentlich ein typisches Restegericht, in den man anstatt des Schinkens klein gewürfelte Bratenreste oder übriggebliebene Kartoffeln gibt. Sollten Sie aber ohne Vorräte Lust auf diesen Kartoffelwok bekommen, einfach rohe Kartoffeln schälen, in etwa 1 cm große Würfel schneiden und in heißem Pflanzenöl unter häufigem Rühren 15 bis 20 Minuten braten. Mit Gemüsen aus dem Küchenschrank oder aus der Tiefkühltruhe variieren.

Tipp

Kartoffeln mit nicht zuviel, aber auch nicht zuwenig Pflanzenöl braten. Es gilt hier das Prinzip der Bratkartoffeln: Sie sollen röstig angebraten, aber nicht matschig verletzt sein. Mit einem Holzspatel oder Pfannenheber die Kartoffelstücke vorsichtig vom Wokboden lösen und nicht »vermanschen«.

Originell

Wilder Wok mit Sauerkirschen

Für 2 Portionen

- 300 g Rehmedaillons
- Salz, schwarzer Pfeffer
- 1 TL Wacholderbeeren
- 100 g Sauerkirschen
- 3 cl Portwein
- 50 ml Rotwein
- 1 Prise gemahlener Zimt
- 1 TL Zucker
- 3 EL Pflanzenöl
- 100 g Sahne

Außerdem
- 2 EL Preiselbeeren
  mit 2 EL Créme fraîche

1. Die Rehmedaillons in dünne Streifen schneiden und mit Salz und Pfeffer würzen. Die Wacholderbeeren in einem Mörser zerdrücken und mit den Rehfleischstreifen vermengen.

2. Die Sauerkirschen mit Port- und Rotwein, Zimt und Zucker verrühren. Den Wok heiß werden lassen und das Pflanzenöl darin erhitzen.

3. Die Fleischstreifen einlegen und von allen Seiten 1 Minute braten. Herausnehmen und auf einen Teller legen.

4. Die Sauerkirschmischung in den Wok gießen und bei kleiner Hitze 4 Minuten kochen. Mit Sahne aufgießen und mit Salz und Pfeffer nach Geschmack würzen.

5. Die Fleischstreifen in die Sauce geben, nochmals abschmecken und sofort servieren. Mit Preiselbeersahne garnieren.

Zubereitungszeit:
15 Minuten

Serviertipp
Dazu passen Kartoffelkroketten aus dem Backofen oder Butternudeln.

Variante
Mit Hasen-, Strauß- oder Hirschmedaillons variieren. Als Beilage hausgemachte Spätzle servieren. Als Getränk zimmerwarmen Rotwein, vielleicht einen Trollinger aus Baden Würtemberg servieren.

Tipp

Saucen und Fonds müssen nicht immer aus Instantpulver hergestellt werden. Es gibt in ½ Liter Gläsern, spezielle Fonds aus der gehobenen Küche, die ohne Zusätze hergestellt sind.
Sollten Sie auf eine Wildpfanne Lust haben, so verwenden Sie Wildfond oder auch Pilzfond zum Durchziehen der Sauce.

Raffiniert

Meeresfrüchte-Potpourrie

Für 2 Portionen

- 450 g Packung, aufgetaute Meeresfrüchte (TK-Ware; Tintenfisch, Garnelen, Muscheln)
- Salz, schwarzer Pfeffer
- ½ frische Chilischote
- 3 EL Pflanzenöl
- 50 ml trockener Weißwein
- 100 g Sahne
- 50 g Mangochutney

Zum Servieren
- ½ frische, saftige Mango

1. Die Meeresfrüchte in einem Sieb waschen, abtropfen lassen und mit Küchenpapier trockentupfen. Mit Salz und Pfeffer würzen.

2. Die Chilischote säubern, entkernen und klein würfeln. Den Wok auf dem Herd heiß werden lassen. Das Pflanzenöl erhitzen und die Chilischote sowie die Meeresfrüchte einige Minuten braten.

3. Die Meeresfrüchte mit Weißwein beträufeln. Die Sahne mit Mangochutney verrühren und in den Wok rühren. Nach dem ersten Aufkochen vom Herd ziehen und nochmals abschmecken.

4. Die Mango schälen, in kleine Würfel schneiden und unter das Gericht ziehen. Sofort servieren.

Zubereitungszeit:
ca. 20 Minuten

Serviertipp
Zum Tunken ofenfrisches Weißbrot oder Toast reichen. Als Vorspeise eingelegte, italienische Antipasti servieren.

Variante
Die Sahne weglassen und eine leichte Weinsauce mit ¼ Liter trockenem Weißwein kochen. Dazu noch gemischte Kräuter von der Fensterbank wie Kerbel, Dill und Petersilie. Anstatt frischer Mango Mangospalten mit etwas Saft aus der Dose verwenden.

Für einen süßen maritimen Abend genau das Richtige.

Raffiniert

Süßsaures Schweinefleisch

Für 2 Portionen

- 1 Lauchstange
- 1 kleine Möhre
- 1 kleine Zwiebel
- 200 g mageres Schweinefleisch
- Salz, schwarzer Pfeffer
- 1 EL Puderzucker
- 4 EL Pflanzenöl
- 1 TL weißer Essig
- 100 ml Brühe (Instant)
- 200 ml passierte Tomaten
- 100 g Ananasecken mit Saft (Dose)

1. Die Lauchstange der Länge nach halbieren, zwischen den Blattschichten waschen und quer in dünne Streifen schneiden. Die Möhre schälen und klein würfeln.

2. Die Zwiebel abziehen und fein würfeln. Das Schweinefleisch in etwa ½ cm kleine Würfel schneiden. Mit Salz und Pfeffer würzen und mit Puderzucker vermengen.

3. Den Wok auf dem Herd heiß werden lassen, 2 Esslöffel Pflanzenöl eingießen und erhitzen. Die Fleischstücke darin von allen Seiten braten und auf einen Teller legen.

4. Das restliche Pflanzenöl in den Wok gießen und Lauch, Möhren und Zwiebeln unter Rühren andünsten. Mit Salz, Pfeffer und Essig würzen. Mit Brühe und Tomaten aufgießen.

5. Den Wokinhalt etwa 5 Minuten bei geringer Hitze garen. Ananasecken mit etwas Saft einrühren und nochmals abschmecken. Erst zum Servieren die Fleischstücke in die Sauce geben.

Zubereitungszeit:
ca. 20 Minuten

Serviertipp

Dazu schmeckt Reis (Duft- oder Basmatireis) am besten. Im Asienregal gibt es auch frittiertes Krabbenbrot (Krupuk), das auf die Schnelle als Beigabe sehr gut schmeckt.

Variante

Die Fleischstücke etwas kleiner schneiden, anbraten und mit den oben genannten Zutaten in der Sauce mitschmoren lassen. Nach Belieben zusätzlich mit etwas Zucker oder Puderzucker abschmecken.

Raffiniert

Wildreis mit Knoblauchgarnelen

Für 2 Portionen

- 6 geschälte Riesengarnelen (TK-Ware)
- Salz, schwarzer Pfeffer
- 2 Knoblauchzehen
- 1 EL Olivenöl
- 1 große Möhre
- 3 EL Pflanzenöl
- 1 Prise Zucker
- 150 g Langkorn & Wildreismischung
- 1 Msp. gemahlener Kurkuma
- 300 ml Gemüsebrühe (Instant)

1. Die Riesengarnelen der Länge nach halbieren, den Darm entfernen und unter fließend kaltem Wasser abspülen. Mit Küchenpapier trockentupfen, salzen und pfeffern.

2. Die Knoblauchzehen abziehen und durch die Knoblauchpresse in das Olivenöl drücken. Mit den Garnelen vermengen. Die Möhre schälen, der Länge nach vierteln und quer in feine Scheiben schneiden.

3. Den Wok auf dem Herd heiß werden lassen, das Pflanzenöl zugießen und erhitzen. Möhrenscheiben mit 1 Prise Zucker kurz andünsten.

4. Den Reis einrühren und den Wokinhalt mit Salz, Pfeffer und Kurkuma würzen. Mit Gemüsebrühe aufgießen und nach dem ersten Aufkochen bei geringer Hitze etwa 15 Minuten ziehen lassen.

5. Kurz vor dem Servieren die Knoblauchgarnelen untermengen. Nochmals abschmecken.

Zubereitungszeit: ca. 20 Minuten

Serviertipp
Dazu passen eingelegte Gemüse wie Artischocken, gemischte Oliven, kleine Zwiebeln, Pilze und Auberginen.

Variante
Die Garnelen ohne Knoblauchöl in hauchdünne Parmaschinkenscheiben einwickeln und wie im Rezept beschrieben unter den Reis mischen. Mit frischen Kräutern wie Basilikum, Oregano oder Petersilie würzen.

Raffiniert

Mango-Truthahn

Für 2 Portionen

- 200 g Truthahnschnitzel
- Salz, schwarzer Pfeffer
- 1 EL Sojasauce
- 1 kleine Zwiebel
- 1 Knoblauchzehe
- 4 EL Pflanzenöl
- 100 g Sojabohnensprossen (aus dem Glas)
- 100 g Tomatenketchup
- 50 g Aprikosenmarmelade
- 1 Msp. Cayennepfeffer
- 1 Msp. gemahlener Curry
- 1 süße, frische Mango

1. Das Truthahnfleisch in dünne Streifen schneiden. Mit Salz, Pfeffer und wenig Sojasauce würzen. Die Zwiebel und die Knoblauchzehe abziehen und fein würfeln.

2. Den Wok auf dem Herd heiß werden lassen und 2 Esslöffel Pflanzenöl darin erhitzen. Die Fleischstreifen von allen Seiten 2 Minuten braten. Herausnehmen und auf einen Teller legen.

3. Das restliche Pflanzenöl im Wok erhitzen. Unter Rühren Zwiebel- und Knoblauchwürfel darin andünsten. Tomatenketchup mit Aprikosenmarmelade, restlicher Sojasauce, 50 Milliliter Wasser, Cayennepfeffer und Curry verrühren.

4. Diese Mischung in den Wok rühren. Mit Salz und Pfeffer abschmecken und bei geringer Hitze etwa 5 Minuten kochen.

5. In der Zwischenzeit die Mango schälen und das Fruchtfleisch in dünne Spalten schneiden. Mit der Hälfte davon zwei Teller dekorieren. Die Sojabohnensprossen in einem Sieb abtropfen lassen.

6. Truthahnfleisch, Mangostreifen sowie Sojabohnensprossen in den Wok rühren. Alles nochmals abschmecken und auf den Tellern verteilen.

Zubereitungszeit: 20 Minuten

Serviertipp
Dazu passt Rosinenreis, Duftreis oder eine Wildreismischung. Als Getränk einen gut gekühlten Pflaumenwein servieren.

Variante
Anstatt der Mango Pfirsich- oder Aprikosenspalten aus dem Glas oder der Dose verwenden. Sie sind etwas zuckrig und weich und passen hervorragend zu diesem Gericht.

Tipp
Geflügelfleisch wie Truthahn (Pute), Hähnchenfleisch oder weißes Fleisch wie Kalbfleisch harmonieren hervorragend mit »Süßigkeiten« im Kochtopf. Zusätzlich Gemüsemais, Man- deln oder Cashews unter den Mango-Truthahn mischen.

Süßsauer – wer kann da widerstehen?

Länderspezifisch

Hähnchen mit Lychees

Für 2 Portionen

- 250 g Hähnchenbrustfilet
- Salz, schwarzer Pfeffer
- 2 EL Sojasauce
- 1 Zwiebel
- 2 EL Pflanzenöl
- 1 Msp. Chilipulver
- 200 ml ungesüßte Kokos-
  milch (Dose)
- 100 g Sojabohnensprossen
  (Glas)
- 6 geschälte Lychees
  mit Saft (Glas)
- 1 EL ungesüßte
  Kokosraspeln

1. Das Hähnchenbrustfilet in hauchdünne Streifen schneiden. Mit Salz, Pfeffer und 1 Esslöffel Sojasauce würzen.

2. Die Zwiebel abziehen, halbieren und in Streifen schneiden. Den Wok heiß werden lassen, Pflanzenöl eingießen und erhitzen. Die Zwiebelwürfel darin andünsten.

3. Die Zwiebeln mit Chilipulver, Salz, Pfeffer und Sojasauce würzen. Mit Kokosmilch aufgießen und nach dem ersten Aufkochen die Hitze reduzieren.

4. Die Fleischstreifen sowie die Sojabohnensprossen hineinlegen und einige Minuten ziehen lassen. Die Lychees in Viertel schneiden und unterheben.

5. Den Wokinhalt nochmals abschmecken und auf vorgewärmte Teller verteilen. Mit Kokosraspeln bestreuen.

Zubereitungszeit:
ca. 20 Minuten

Serviertipp

Entweder chinesische »Spaghetti« oder Reis Ihrer Wahl servieren. Oder einen Kräuterreis mit Kräuterbutter zubereiten. Dazu passt ein Lycheewein und als Einlage die restlichen Lychees aus der Dose. Besser sind natürlich frische Lychees.

Variante

In einer Pfanne oder in einem zweiten Wok Bananen-, Apfel- und Zwiebelscheiben 10 Minuten in Pflanzenöl braten. Herausnehmen und mit etwas erwärmter Aprikosenmarmelade oder Mango Chutney verrühren. Löffelweise über das Hähnchen mit Lychees geben.

Tipp

Die Sahne der asiatischen Küche ist die Kokosmilch. Sollten Sie keine bekommen, kaufen Sie eine Packung (200 Gramm) ungesüßte Kokosraspeln. Diese in eine Schüssel geben und mit 400 Milliliter kochendem Wasser begießen. Abdecken und 10 Minuten stehen lassen. Anschließend durch ein Sieb gießen, den Kokosbrei fest auspressen und schon haben Sie eine »asiatische Sahne«.

Asiatisch lecker.

Gebratener Fisch mit Ingwer

Für 2 Portionen

- 1 EL Stärkemehl
- 1 Eiweiß (Größe L)
- 2 EL Reiswein
- Salz
- 400 g festes Fischfilet (Zander, Lachs, Rotbarsch, Heilbutt, etc.)
- schwarzer Pfeffer
- 1 große Zwiebel
- etwa 2 cm frische Ingwer- wurzel
- 5 EL Pflanzenöl

Außerdem
Zum Dippen Austernsauce oder Pflaumensauce

1. Mit einem elektrischen Handrührgerät Stärkemehl, Eiweiß, Reiswein und Salz verrühren.

2. Das Fischfilet in etwa 2 cm Stücke schneiden und mit Pfeffer würzen. Die Zwiebel abziehen, halbieren und in Streifen schneiden.

3. Den Ingwer schälen und in kleine Scheiben schneiden. Den Wok auf dem Herd heiß werden lassen und das Pflan- zenöl darin erhitzen.

4. Die Fischstücke durch die Eiweißmischung ziehen und im Wok auf beiden Seiten braten. Zwiebeln und Ingwer einstreuen und 5 Minuten mitbraten. Mit Salz und Pfef- fer würzen.

5. Den Wokinhalt auf zwei vorgewärmte Teller verteilen und Schälchen mit den Dip- saucen dazu reichen.

Zubereitungszeit:
ca. 20 Minuten

Serviertipp
Dazu schmeckt am besten chinesischer Klebreis und warmer Reiswein.

Variante
Die Fischstücke goldbraun braten und auf dem Wokgitter oder auf einem Teller able- gen. In dem Bratensatz Zwie- beln und Ingwer dünsten und mit 50 Gramm Austernsauce sowie etwas Sojasauce und Reiswein abschmecken.

Tipp

Sie können genauso gut Gemüse-, Fleisch- oder Meeresfrüchte durch die Eiweiß- mischung ziehen. Oder geben Sie dieser Mischung Ihre ganz eigene Gewürznote von Curry, Kreuzkümmel bis zu Garam Masala.

Länderspezifisch

Filetspitze mit Cashews

Für 2 Portionen

- 200 g Rinderfiletspitzen
- Salz, schwarzer Pfeffer
- 1 Msp. gemahlener Zimt
- 1 Chicorée
- 3 EL Pflanzenöl
- 5 Kardamomkapseln
- 100 ml Fleischbrühe
  (Instant)
- 2 EL Sojasauce
- 50 g ungesalzene
  Cashewkerne

1. Die Rinderfiletspitzen in dünne Streifen schneiden und mit Salz, Pfeffer und Zimt würzen. Den Chicorée längs halbieren, zwischen den Blattschichten waschen und quer in Streifen schneiden.

2. Den Wok auf dem Herd heiß werden lassen und das Pflanzenöl darin erhitzen. Die Fleischstreifen rundherum braten und mit dem Spatel an den Rand schieben.

3. Die Kardamomkapseln zusammen mit dem Chicorée braten. Alles mit Brühe aufgießen und mit Sojasauce würzen. Cashewkerne einrühren, nochmals abschmecken und sofort servieren.

Zubereitungszeit:
ca. 20 Minuten

Serviertipp
Dazu passen Polenta oder Reis. Als Vorspeise Frühlingsrollen mit Chilidip servieren.

Variante
Das Fleisch mit Orangenfilets oder Mandarinenspalten mit Saft aus der Dose fruchtiger garen. Das Rinderfilet kann durch Rindfleisch zum Kurzbraten oder Schweinefilet ersetzt werden.

Tipp
Kardamomkapseln werden vornehmlich in der indischen Küche verwendet. Bei uns ist es als Gewürz für Kuchen- oder Weihnachtsgebäck sehr beliebt. Der Geschmack der Kardamomkapseln ist leicht scharf und aromatisch.

Originell

Mandelhasen im Salatnest

Für 2 Portionen

- 300 g Hasen- oder Kaninchenfilets (meist TK-Ware)
- Salz, schwarzer Pfeffer
- 1 TL Sojasauce
- 1 Ei (Größe L)
- 2 EL Sahne (oder Milch)
- 100 g gemahlene Mandeln
- 100 ml Pflanzenöl
- 100 g fertige Salatmischung (Radicchio, Friseé, Feldsalat)
- 3 EL Olivenöl
- 2 EL Himbeeressig

1. Die Kanichenfilets in 1 cm breite Streifen schneiden. Mit Salz, Pfeffer und Sojasauce würzen.

2. Das Ei mit Sahne verquirlen. Die Fleischstreifen in Mandelmehl wenden und leicht anklopfen. Durch die Eiermischung ziehen und wieder in Mandelmehl panieren.

3. Den Wok auf dem Herd heiß werden lassen und das Pflanzenöl darin erhitzen. Die Fleischstreifen portionsweise von allen Seiten 2 Minuten braten. Zum Entfetten auf Küchenpapier legen.

4. Den Salat waschen und trockenschwenken. Mit Olivenöl, Himbeeressig, Salz und Pfeffer anmachen. Auf zwei Teller zu hübschen Nestern anrichten. Die Mandelhasen darauf verteilen.

Zubereitungszeit: ca. 15 Minuten

Serviertipp
Dazu passen verschiedene, süße Fertigsaucen wie milde Chilisauce, Pflaumensauce, Austernsauce oder Mangochutney.

Variante
Im Topf zusätzlich gemischtes Gemüse wie Möhren, Bambusstreifen, chinesische Pilze und Mangold braten.

Tipp

Die Panade haftet noch besser, wenn Sie die panierten Fleischstücke für 30 Minuten in den Kühlschrank stellen. Die Mandelpanade zusätzlich mit gehackten Kräutern variieren.

Das Auge isst mit und hat hier seine reine Freude!

Originell

Entenwok à la Orange

Für 2 Portionen

- 200 g gehäutetes Entenbrustfilet
- Salz, Pfeffer
- 1 unbehandelte Orange
- 4 cl Orangenlikör (Cointreau)
- 2 EL Pflanzenöl
- 1 EL Zucker
- 1 TL Weißweinessig
- 1 EL Butter
- 100 ml Bratensauce (Instant)
- 50 g Crème fraîche
- 1 TL getrockneter Thymian

1. Das Entenbrustfilet in dünne Streifen schneiden und mit Salz und Pfeffer würzen. Die Orange waschen, trockenreiben und feinste Streifen von der Haut abziehen.

2. Im Anschluss daran die Orange schälen, auch das Weiße, und Filets aus dem Fruchtfleisch schneiden. Zusammen mit dem Orangenlikör und den Orangenstreifen vermengen.

3. Den Wok auf dem Herd heiß werden lassen und das Pflanzenöl darin erhitzen. Die Entenstreifen von allen Seiten 2 Minuten braten. Herausnehmen und auf einen Teller legen.

4. Unter Rühren Zucker, Essig und Butter im Wok verrühren. Mit Bratensauce aufgießen und einmal aufkochen lassen. Die Créme fraîche und Thymian einrühren.

5. Die Entenstreifen und die Orangenfilets in den Wok rühren. Nochmals abschmecken und sofort servieren.

Zubereitungszeit:
20 Minuten

Serviertipp
Mit Kartoffelgratin aus dem Backofen und geschmorten Fenchelstreifen servieren.

Variante
Schlanker wird der Entenwok, wenn Sie auf die Crème fraîche verzichten. Kalorienreicher wird es, wenn Sie die Haut der Ente am Fleisch lassen.

Tipp

Es gibt einen speziellen Schalenreißer, mit dem Sie von Zitronen und Orangen allerfeinste Schalen, die zum Würzen verwendet werden, abziehen können. Andernfalls ein Stück Orangenschale mit dem Messer abschneiden und dieses so fein wie möglich schneiden. Die Filets aus dem Orangenfruchtfleisch schneiden Sie am besten, wenn am Fruchtfleisch keine weiße Haut mehr vorhanden ist. Dann mit einem scharfen Messer zwischen den Hautsegmenten einschneiden und die Filets lösen sich.

Klassiker

Zwiebelfleisch im Rahm

Für 2 Portionen

- 2 Entrecôtes vom Rind (à ca. 150 g)
- Salz, schwarzer Pfeffer
- 2 große Zwiebeln
- 1 Knoblauchzehe
- 4 EL Pflanzenöl
- 1 Msp. rosenscharfes Paprikapulver
- etwas abgeriebene Zitronenschale
- 1 Lorbeerblatt
- ½ TL Korianderkörner
- ⅛ l trockener Weißwein
- 200 g Sahne
- 1 TL gemischte Kräuter (TK-Ware)

1. Die Entrecôtes in ½ cm breite Streifen schneiden und mit Salz und Pfeffer würzen. Die Zwiebeln und die Knoblauchzehe abziehen, halbieren und in dünne Streifen schneiden.

2. Den Wok auf dem Herd heiß werden lassen, das Pflanzenöl eingießen und erhitzen. Die Fleischstreifen von allen Seiten braten und auf einen Teller legen. Zwiebel- und Knoblauchstreifen in den Wok streuen und unter häufigem Rühren 10 Minuten dünsten.

3. Den Wokinhalt mit Paprikapulver, Zitronenschale, Lorbeerblatt und Korianderkörner würzen. Zwischendurch mit Weißwein beträufeln und zuletzt mit Sahne aufgießen.

4. Kurz vor dem Servieren die Zwiebelsahne abschmecken. Kräuter und Fleischstreifen mit Bratensaft unterziehen.

Zubereitungszeit:
ca. 20 Minuten

Serviertipp
Dazu schmeckt knuspriges Knoblauch- oder Kräuterbaguette (TK-Ware) aus dem Backofen – aber auch Pommes frites werden gerne dazu gegessen.

Variante
Wer es etwas schlanker möchte, sollte anstatt der Sahne mit Brühe aufgießen. Zum Servieren je 1 Klecks saurer Sahne auf das Gericht geben. Auch beim Fleisch können Sie mit Straußen-, Kalb-, Schwein- oder Geflügelfleisch variieren.

Tipp

Sollten Sie mal mehr als 20 Minuten zum Kochen Zeit haben, so sollten Sie folgendes Gericht im Wok ausprobieren: Dazu die Zwiebeln etwa 20 Minuten im Wok »schmurgeln« lassen. Dabei öfter mit Brühe, Wein oder Wasser angießen, damit am Wokboden nichts anbrennen kann. Dann die Fleischstreifen einlegen und mitschmoren lassen. Die Bindung der Sauce erfolgt durch das Zerfallen der Zwiebeln. Mit edelsüßen und rosenscharfem Paprikapulver, Kümmel, abgeriebener Zitronenschale, Salz und Pfeffer würzen.

Süße Geheimnisse lüften

Haben Sie Appetit auf etwas wohlig-warmes, süßes und duftendes? Dann ist das Multitalent Wok genau das Richtige. Noch während die Gäste die Hauptspeise abschließen, wartet schon das »Grande Finale«. Im Wok kunstvoll schwenken, servieren, den Deckel lüften, flambieren, warmhalten und sogar daraus naschen. Wir machen Ihnen mit unseren süßen Geheimnissen Lust auf die Dessert-küche à la Wok.

Beeren-Wok mit Vanillesahne

Erfrischend

Für 2 Portionen

- 100 g Sahne
- ½ Päckchen Vanillezucker
- 250 g Beeren bestehend aus Erdbeeren, Johannis-beeren und Himbeeren
- 100 ml Weißwein
- ½ Stange Zimt
- 1 EL Zucker

Nach Belieben
- 6 frische Minzeblättchen

1. Die Sahne mit dem Vanille-zucker steif schlagen. Bis zum Gebrauch in den Kühlschrank stellen.

2. Die Beeren entstielen, wa-schen und trockenschwenken. Die Erdbeeren je nach Größe halbieren oder vierteln.

3. Den Weißwein mit dem Zimt und dem Zucker im Wok aufkochen. Die Beeren in den Wok rühren und nach dem ersten Aufkochen die Hitze-quelle ausstellen.

4. Die Zimtstange entfernen und den Beeren-Wok in zwei Dessertschalen verteilen. Mit Vanillesahne und nach Belieben mit Minzeblättchen garnieren.

Zubereitungszeit:
ca. 15 Minuten

Serviertipp
Dazu passt derselbe Weiß-wein wie im Wok.

Variante
Anstatt Weißwein Rotwein verwenden. Anstatt Vanille-sahne Vanilleeis auf den war-men Beeren servieren.

Tipp

Besonders in lauen Som-mernächten, wenn ein leich-tes Lüftchen auf der Teras-se weht, schmeckt dieses Dessert fantastisch.

Sesam-Karameläpfel

Für 2 Portionen

- 2 kleine Äpfel
- Saft von ½ Zitrone
- 1 EL Maisstärke
- 1 TL Puderzucker
- 100 ml Pflanzenöl
- 1 TL Butter
- 1 EL Zucker
- 1 EL Sesamsamen

1. Die Äpfel schälen, halbieren, entkernen und in feine Scheiben schneiden. Mit Zitronensaft beträufeln. Maisstärke und Puderzucker versieben und die Apfelscheiben darin wenden.

2. Den Wok auf dem Herd heiß werden lassen und darin das Pflanzenöl erhitzen. Die Apfelscheiben einzeln einlegen und auf jeder Seite kurz braten.

3. Die Apfelscheiben auf Küchenpapier legen. Das Pflanzenöl bis auf einen dünnen Film entfernen.

4. Die Butter im Wok schmelzen und den Zucker einrühren. Sobald dieser zu schmelzen beginnt, zwei Esslöffel Wasser dazu rühren.

5. Die Apfelscheibchen in den Wok legen und einige Male durchschwenken. Auf zwei Dessertteller verteilen und mit etwas kaltem Wasser besprühen. Mit Sesam bestreuen.

Zubereitungszeit:
ca. 20 Minuten

Serviertipp
Dazu passt ein süßer, gut gekühlter Dessertwein, wie z. B. von dem Österreicher Kracher.

Variante
Bananen- oder Birnenstücke mit oder anstelle des Apfels verwenden.

Tipp
Karamel wird sofort starr, wenn man ihn mit etwas kaltem Wasser benetzt. Beim Essen kracht er dann so richtig schön.

Originell

Apfel-Banana-Wok

Für 2 Portionen

- 200 g Sahne
- ½ Päckchen Vanillezucker
- 1 Msp. Zimt
- 1 großer Apfel
- 1 Banane
- 1 TL Zitronensaft
- 2 EL Butter
- 1 EL Puderzucker
- 4 cl Calvados
- 2 EL gehackte Walnüsse

1. Die Sahne mit Vanillezucker und Zimt steif schlagen. Bis zum Gebrauch in den Kühlschrank stellen.

2. Den Apfel schälen, entkernen und in dünne Spalten schneiden. Die Banane schälen, in Scheiben schneiden und mit Zitronensaft beträufeln.

3. Den Wok auf dem Herd heiß werden lassen und die Butter darin erhitzen. Den Puderzucker einrühren und die Obststücke darin 5 Minuten »baden«.

4. Den Wokinhalt mit Calvados beträufeln und flambieren. Auf Dessertteller oder -schalen verteilen und mit Schlagsahne garnieren. Walnüsse darüber streuen.

Zubereitungszeit:
ca. 15 Minuten

Serviertipp

Dazu schmeckt ein »zusätzliches« Gläschen Calvados hervorragend. Espresso und Cappuccino dazu reichen.

Variante

Mehrere Obstsorten im Wok »baden«. Den Zimt nicht unter die Sahne mischen, sondern über die angerichtete Schlagsahne stäuben.

Tipp

Gemischte, gehackte Nüsse im heißen, ungefetteten Wok leicht rösten und als Garnitur verwenden.

Verführung pur – da muss man einfach naschen!

Raffiniert

Flambierte Crêpes à la Koko

Für 2 Portionen

- 1 Ei (XL)
- 125 g Mehl
- 1 EL Zucker
- 150 ml Milch
- Salz
- 50 g Butter
- 50 g Aprikosenmarmelade
- 1 EL brauner Zucker
- 2 EL ungesüßte Kokosraspeln
- 4 cl weißer Rum

1. Das Ei trennen und das Eiweiß zu steifem Schnee schlagen. Mit einem elektrischen Handrührgerät das Eigelb mit Mehl, Milch, 50 ml Wasser und einer Prise Salz glatt schlagen.

2. 40 g Butter im Wok portionsweise erhitzen und darin sechs kleine Crêpes backen. Einzeln auf eine Arbeitsfläche legen. Den Wok beiseite ziehen.

3. Die Aprikosenmarmelade in einem kleinen Topf oder in der Mikrowelle kurz erwärmen. Diese auf die Crêpes streichen, aufrollen und quer halbieren.

4. Den Wok auf den Herd stellen und darin unter Rühren restliche Butter mit braunem Zucker und Kokosraspeln verrühren.

5. Die Crêpesröllchen in den Wok legen und mehrmals durchschwenken. Mit Rum beträufeln und flambieren.

Zubereitungszeit:
ca. 20 Minuten

Serviertipp
Dazu passt Eis mit Geschmacksrichtung Schoko, Vanille oder Aprikose.

Variante
Anstelle der Aprikosenmarmelade andere Sorten wie Kirsch, Erdbeer oder Orange verwenden. Zusätzlich mit Schlagsahne und Krokantsplitter garnieren.

Tipp

Wenn Sie Gäste erwarten, einfach die Crêpesrollen schon vorbereiten. Später a lá minute in der Wokpfanne wirbeln. Es eignen sich auch andere Spirituosen zum Flambieren wie z. B. Kirschwasser, Whiskey, Gin oder Orangenlikör.

Landesspezifisch

Babybananen mit Chili

Für 2 Portionen

- ½ frische Chilischote
- 4 Babybananen
- 2 EL Butter
- Saft von ½ Limette (ersatzweise Zitrone)
- 1 EL brauner Zucker
- 1 Msp. gemahlene Muskatnuss
- 1 Msp. gemahlener Zimt
- 1 Msp. gemahlener Piment
- 2 cl brauner Rum
- 1 EL Rosinen

Für die Garnitur
- Puderzucker und Zimt zum Bestäuben

1. Die Chilischote waschen, entkernen und fein würfeln. Die Babybananen schälen und der Länge nach halbieren.

2. Den Wok heiß werden lassen und die Hälfte der Butter darin erhitzen. Chili einstreuen. Die Bananen einlegen und von beiden Seiten braten; herausnehmen.

3. Den Bratensatz mit Limettensaft ablöschen. Restliche Butter, Zucker und Gewürze einrühren. Die Bananen in den Wok geben und darin schwenken.

4. Alles mit Rum beträufeln und Rosinen darüber streuen. Nur noch kurz ziehen lassen und auf zwei Desserttellern anrichten. Mit Puderzucker und Zimt bestäuben.

Zubereitungszeit: ca. 20 Minuten

Serviertipp
Dazu einen Cocktail oder einen Kaffeelikör genießen.

Variante
Mit »normalen« Bananen gelingt dieses Rezept genauso. Jedoch ist der Geschmack der »Kleinen« besonders intensiv. Sie schmecken leicht nach Apfel, was ihren zweiten Namen Apfelnamen wohl erklärt.

Tipp
Die Rosinen mit Rum beträufeln und »einweichen« lassen. Zuletzt unter die Wokmischung ziehen.

Das mögen Kinder

Reis-Früchte-Wok

Für 2 Portionen

- 100 g frisches Ananasfruchtfleisch (ersatzweise Dose oder Glas)
- 1 kleine Mango
- 2 EL Butter
- 1 EL Zucker
- 100 g gekochter Klebreis
- 50 g Kokosnussmilch
- 2 Kugeln Fruchteis Ihrer Wahl

1. Das Ananasfruchtfleisch in kleine Ecken schneiden. Die Mango schälen und passend zur Ananas schneiden.

2. Den Wok heiß werden lassen. Unter Rühren Butter und Zucker schmelzen lassen. Ananas- und Mangostücke 2 Minuten darin andünsten.

3. Den Klebreis hinzufügen und den Wokinhalt vorsichtig wenden. Mit Kokosnussmilch beträufeln, 1 Minute ziehen lassen und in Schälchen füllen. Je eine Kugel Eis darauf setzen.

Zubereitungszeit: ca. 15 Minuten

Serviertipp

Dazu passt ein Gläschen Lycheewein oder Pflaumenschnaps.

Variante

100 g Basmati- oder Klebreis in 200 ml Wasser etwa 18 Minuten im Wok garen. Kurz vor Ende der Garzeit 50 ml Kokosnussmilch und einen Esslöffel Zucker einrühren. Frische Fruchtstücke darunterheben. Dick mit Kokosraspeln bestreuen.

Tipp

Den restlichen Reis von der Woktafel einfach unter das Dessert schwenken – schmeckt auch sehr gut.
Den Reis-Früchtewok heiß, lauwarm oder gekühlt genießen.

Ein leckeres Gericht, besonders kalt serviert an heißen Sommertagen.

Gelingt leicht

Crêpes wie bei Suzette

Für 2 Portionen

- 1 unbehandelte Orange
- 1 unbehandelte Zitrone
- 8 Stück Würfelzucker
- 3 TL Butter
- 4 fertige, dünne Crêpes
- 3 cl Grand Manier
- 2 cl Weinbrand

1. Die Orange und die Zitrone gründlich waschen und trockenreiben. Die Würfelzuckerstückchen an der Orange und an der Zitrone fest reiben, bis das Fruchtaroma aufgesogen ist.

2. Orange und Zitrone auspressen. Den Saft durch ein Sieb streichen. Den Wok heiß werden lassen. Darin die Butter und die Zuckerstückchen schmelzen.

3. Orangen- und Zitronensaft einrühren und erhitzen. Die Crêpes rollen oder zu Vierteln falten und in den Wok legen.

4. Alles mit Grand Manier parfümieren. Den Weinbrand in eine Kelle gießen, anzünden und über den Wokinhalt träufeln.

5. Die Crêpes mit einer Kelle auf tiefen Tellern anrichten. Nach Belieben mit Puderzucker bestäuben.

Zubereitungszeit:
ca. 20 Minuten

Serviertipp
Dazu passt ein Gläschen Champagner oder eine klassische Tasse Kaffee.

Variante
Die Crêpes mit Aprikosenmarmelade füllen und dann in den Wok legen. Mit Mandelsplittern garnieren.

Tipp
Wo geht das Flambieren und Feuer zaubern besser als im Wok? Die noch »brennende« Pfanne präsentieren, um den Gusto noch zu steigern.

Preiswert

Süße Wokbissen

Für 2 Portionen

- 4 Scheiben Toastbrot
- 2 EL warme Butter
- 1 EL Kirschmarmelade
- 2 Eier (Größe S)
- 50 ml Milch
- 1 EL Zucker

Nach Belieben
- Obstsalat aus dem Glas

1. Die Toastscheiben entrinden. Je zwei Scheiben mit etwas Butter und Marmelade bestreichen. Jeweils eine Scheibe daraufsetzen und in je vier Teile schneiden.

2. Die Eier mit Milch und Zucker glatt rühren. Den Wok heiß werden lassen und die restliche Butter darin schmelzen.

3. Die kleinen Brotstücke einzeln durch die Eier-Milchmischung ziehen und in der heißen Butter auf beiden Seiten anbraten.

4. Je vier Wokbissen auf einem Teller anrichten und dazu den Obstsalat in Schälchen servieren.

Zubereitungszeit:
ca. 20 Minuten

Serviertipp
Dazu schmeckt eine Tasse Kakao am besten.

Variante
Die Weißbrote mit Marmelade Ihrer Wahl füllen. Während dem Braten Kokosraspel in den Wok streuen.

Tipp

Ein schnelles Dessert, aber auch ein beliebtes Hauptessen nach einem anstrengenden Tag. Dazu aber die Menge des Rezeptes verdoppeln.

Impressum

Die Autorin

Rose Marie Donhauser ist gelernte Köchin und Hotel-
fachfrau, die 12 Jahre lang in internationalen Hotels
tätig war. Seit 1982 arbeitet sie als Food-Journalistin
und Kochbuchautorin. Rose Marie Donhauser lebt mit
Mann und zwei Kindern in Berlin.

Die Fotografin

Odette Teubner wurde die Fotografie sprichwörtlich in
die Wiege gelegt, da ihre Eltern, beide Fotografen, sich
auf Food-Fotografie spezialisiert hatten. Nach einer
klassischen Fotografen-Ausbildung und einem zwei-
jährigen Abstecher in die Welt der Mode, arbeitet
Odette Teubner heute als erfolgreiche Food-Fotografin.

Die Deutsche Bibliothek –
CIP-Einheitsaufnahme

Donhauser, Rose Marie
Wokgerichte für jeden Tag / Rose Marie Donhauser. –
München: Augustus-Verl., 2001
ISBN 3-8043-6123-4

Augustus Verlag München 2001
© Weltbild Ratgeber Verlage GmbH & Co.KG
Alle Rechte vorbehalten

Redaktion: Saskia Abel
Umschlag: h3a GmbH, München
Layout: Ludwig Kaiser, Grafik Design, München
Umschlagfoto: Stockfood
Foodfotos: Odette Teubner
Freisteller: Verlagsarchiv
DTP und Litho: Uhl + Massopust GmbH, Aalen
Druck und Bindung: Offizin Andersen Nexö, Leipzig

Printed in Germany

ISBN 3-8043-6123-4

Rezepteregister

Zutatenregister